FRANÇOIS DUBET

À quoi sert VRAIMENT un sociologue ?

D1723607

ARMAND COLIN

Conception de couverture : Thierry Müller

Photo de couverture : Marcelo Korp

Maquette intérieure : Yves Tremblay

© Armand Colin, 2011

ISBN : 978-2-200-25767-5

http://www.armand-colin.com

Armand Colin Éditeur • 21, rue du Montparnasse • 75006 Paris

Sommaire

Chapitre i

De l'utilité
de la sociologie

- *Pourquoi ou comment devient-on sociologue ?*
- *La sociologie s'interroge-t-elle sur son utilité ?*

Première précaution : je me sens bien incapable de dire pourquoi je suis devenu sociologue. Ce n'est certainement pas la conséquence d'une vocation précoce puisque j'ignorais l'existence même de la sociologie en quittant un lycée où le mot sociologie n'avait probablement jamais été prononcé. L'histoire, la philosophie et, dans une moindre mesure alors, l'économie et la psychologie étaient perçues comme les seules sciences humaines sociales sérieuses. C'est par une succession de hasards et d'incompétences relatives que je me suis retrouvé étudiant en sociologie (Dubet, 2007). De manière générale, il est plus honnête et plus sérieux de dire *comment* on est devenu ce que l'on est, que de dire *pourquoi*, au nom de quel destin, de quel projet ou de quelle vocation. Je pense d'ailleurs que l'injonction « d'avoir un projet » faite aujourd'hui aux lycéens et aux jeunes étudiants associe la cruauté mentale à l'irréalisme sociologique car la plupart des récits de vie développés par des adultes déjà installés sont comme des « romans », des histoires que l'on raconte aux autres et à soi-même pour donner un peu de consistance et de cohérence à une vie que l'on aimerait percevoir comme son œuvre et comme l'accomplissement d'un projet.

Seconde précaution : le mot « utilité » pourrait en faire bondir plus d'un puisqu'il va de soi que la science vise d'abord à produire des connaissances et qu'elle ne saurait se soumettre à un principe d'utilité. Ce n'est donc pas dans un sens restreint de l'utilité que l'on doit parler ici, mais dans un sens bien plus large : la sociologie joue-t-elle un rôle dans la vie sociale, lequel, et quelle est sa vocation ? A priori, la sociologie est moins « utile » que la biologie ou la technologie – elle n'est la source d'aucune industrie –, mais elle n'est pas moins « utile » que la musique, la peinture, la philosophie ou la littérature. Comme toutes ces formes d'expression, elle joue un rôle, elle sert à quelque chose même quand elle critique l'utilitarisme. Les sociologues étant si habiles à montrer à quoi « servent » les autres disciplines quoi qu'elles en veuillent et quoi qu'elles en pensent, il serait étrange qu'ils refusent d'exercer sur eux-mêmes les raisonnements qui sont au cœur de leur pratique.

Les sociétés doivent se connaître

Ces règles de prudence énoncées, partons d'une affirmation centrale : la sociologie est utile parce que les sociétés modernes ne se représentent plus elles-mêmes comme l'accomplissement d'un projet divin, comme ce fut très longtemps le cas, ou comme le produit transparent de la volonté des hommes scellant librement et rationnellement un contrat social, comme en avait rêvé le Siècle des Lumières. Les mythes religieux d'un côté et les lois librement consenties de l'autre ne suffisent pas à expliquer comment tiennent, se forment et se transforment les sociétés quand on ne croit plus dans les mêmes dieux, et souvent dans aucun dieu, quand le souverain, l'État et les lois n'organisent pas la totalité de la vie sociale, quand le changement social est devenu la règle. C'est pour dire cela qu'Auguste Comte a inventé le mot sociologie. Les sociétés modernes doivent construire des représentations d'elles-mêmes, elles doivent se connaître parce qu'elles ne sont pas, comme les autres êtres naturels, le produit de la seule nécessité. Vue d'aussi loin, la question de l'utilité de la sociologie ne se pose même pas : les sociétés modernes ont besoin de sociologie parce qu'elles sont modernes, parce qu'elles savent qu'elles sont la conséquence de leur propre action, parce que le monde s'est ouvert, parce que les cultures et les sociétés se frottant de plus en plus les unes aux autres, elles doivent sans cesse se connaître et se reconnaître. Nous savons bien que les réponses aux problèmes sociaux qui nous scandalisent souvent, la pauvreté, l'oppression, la violence, passent par les convictions morales et par la volonté politique, mais nous savons aussi qu'elles passent par la connaissance, par la sociologie et par toutes les sciences sociales.

L'utilité de la sociologie semblait aller de soi quand j'étais étudiant dans la seconde moitié des années soixante. Quitte à paraître naïf, dans une société industrielle en pleine croissance nous étions convaincus que la science et la connaissance travaillaient naturellement au bonheur de l'humanité. Et quand les sciences de la nature et la technique apparaissaient si manifestement positives, les sciences de l'homme et de la société pouvaient prétendre jouer un rôle équivalent. La connaissance objective de la vie sociale et des mécanismes de « fonctionnement » des sociétés pouvaient accroître le « niveau de conscience » des acteurs sociaux, pouvaient les rendre plus libres, plus efficaces, plus rationnels… R. Aron (1960), dont on ne peut dire qu'il était particulièrement optimiste et naïf, écrivait au début des années soixante : « La sociologie a vocation à être la conscience de sociétés assez ambitieuses ou imprudentes pour s'offrir à l'observation détachée et à la curiosité sans retenue ». Sociétés « ambitieuses » parce qu'elles étaient convaincues que la connaissance leur permettrait d'agir sur elles-mêmes, sociétés « naïves » parce qu'elles perdraient au passage quelques illusions en se regardant en face. De manière élémentaire, la sociologie souligne toujours la distance qui existe entre les représentations et les réalités, entre les principes les plus élevés et les faits les plus banals, et la mise à nu de cette distance est elle-même utile. Après tout, *Les Héritiers* (Bourdieu, Passeron, 1964) dénonçaient les inégalités scolaires tout en suggérant une organisation plus rationnelle et plus juste de l'enseignement et de la pédagogie. *La Conscience ouvrière* (Touraine, 1966), *Le Phénomène bureaucratique* (Crozier, 1963), *La Fin des paysans* (Mendras, 1967) et les livres d'E. Morin (1962) sur la culture de masse décrivaient des changements, en soulignaient les réussites et les dangers, mettaient en évidence des formes de domination, des blocages et des illusions, tout en appelant des transformations maîtrisées de la vie sociale. Disons-le tout net, je crois que cette conception de l'utilité de la sociologie, commune alors à des sociologues bien différents, n'est pas complètement morte ; il n'est guère de sociologues qui ne pensent, comme Durkheim, que la sociologie ne vaudrait une heure de peine si on ne la croyait pas utile. Bien sûr, nous n'avons plus la foi du charbonnier, mais il reste quelque chose d'une confiance scientiste dans les sciences humaines, même quand la science a perdu de sa candeur ; après tout, on ne critique vraiment la science qu'au nom de la science.

Les années de la confiance dans l'utilité de la sociologie ne s'expliquent pas seulement par des raisons intellectuelles. Dans la France des années soixante, la guerre d'Algérie est finie, l'économie est prospère, quelques hauts fonctionnaires soutiennent la recherche sociologique parce qu'ils sont convaincus de la nécessité de moderniser le pays après l'avoir reconstruit. L'utilité de la sociologie semble d'autant plus évidente que cette discipline s'installe dans le paysage scientifique et universitaire. Elle s'affirme dans le domaine des sciences humaines et sociales depuis le temps où elle avançait masquée derrière la philosophie, la pédagogie avec Durkheim, ou la « psychologie collective » avec M. Halbwachs. La sociologie est entrée au CNRS dans les années cinquante grâce à G. Friedmann, une licence a été créée en 1958, un cycle complet de formation a été ouvert en 1967. Jusque là, si les sociologues pouvaient se reconnaître intellectuellement, ils ne comptaient guère face aux historiens, aux philosophes sociaux et aux économistes ayant acquis bien plus tôt des positions académiques indiscutables. Puis, le nombre de sociologues a explosé : 300 enseignants-chercheurs en 1978, 148 sociologues au CNRS, alors que 600 sociologues environ travaillaient sur contrats (Dubar, 2002). À la fin des années soixante, un étudiant en sociologie pouvait raisonnablement croire que la sociologie avait un avenir et qu'elle le conduirait vers un métier.

La croyance dans l'utilité de la sociologie pouvait aussi procéder du sentiment qu'elle participait d'un combat contre les vieilles idéologies. Modernisateur pour ce qui est de l'économie et de l'administration, le gaullisme restait profondément conservateur pour ce qui relevait des « mœurs » ; il aimait plus l'État que la société et plus la France que les Français. Dans le camp d'en face, le parti communiste refusait la sociologie assimilée à une « science bourgeoise » venue des États-Unis ; grâce au marxisme officiel il pensait détenir les clés des lois de la vie sociale et du sens de l'histoire et bien des intellectuels ont fait un bout de route avec cette langue de bois. Les sociologues pouvaient d'autant plus croire à l'utilité de leur science qu'elle était largement identifiée à un appel à la modernité, à la critique sociale et à la démocratie. D'ailleurs la sociologie était tout simplement interdite ou réduite à l'état d'idéologie officielle dans les pays non démocratiques. Dans une certaine mesure, un étudiant – c'était mon cas – pouvait penser que la sociologie était une autre manière de faire de la politique quand la vie politique était comme écrasée entre le gaullisme et le communisme, et cette croyance renforçait le sentiment de l'utilité et de l'importance de la sociologie. Bien sûr, ce tableau est plus l'évocation grossière d'un climat social qu'il n'est une description précise de l'état des choses au milieu des années soixante. Les sociologues étaient loin d'être d'accord entre eux, la conquête de la légitimité était encore fragile, mais il semblait que pour les sociologues, en tous cas pour les prétendants au métier, l'utilité de leur science allait de soi.

Trois conceptions de l'utilité de la sociologie

Dans les années soixante-dix, quand la sociologie s'installe solidement à l'université et au CNRS, quand sont créés un CAPES et une agrégation de sciences sociales, les conceptions de l'utilité de la discipline se déchirent sensiblement. Au-delà des oppositions des théories, des styles et des chapelles, il est possible de dégager trois grandes conceptions de l'utilité de la sociologie.

Après Mai 68, une grande partie des sociologues adhèrent pleinement au climat « révolutionnaire » et critique qui domine alors la sensibilité intellectuelle. Pour eux, la sociologie doit d'abord mettre à nu les mécanismes de la domination capitaliste, démasquer toutes les formes du pouvoir, y compris celles qui procèdent du projet des Lumières et de la Raison qui en appelait a priori à la liberté. Cette sensibilité est évidemment très composite. Les marxistes y tiennent une bonne place. Souvent inspirés par L. Althusser, ils dénoncent la domination de classe qui pèse sur l'éducation, la culture, la ville… D'autres, plus proches de M. Foucault, s'attaquent aux institutions dont ils dévoilent les mécanismes de pouvoir. D'autres enfin, inspirés par P. Bourdieu, s'appuient sur une sociologie plus classique mettant en évidence les mécanismes de domination qui se nicheraient au cœur même de l'action individuelle. En dépit de leurs différences, tous ces courants conçoivent la sociologie comme une discipline critique. Les acteurs y paraissent totalement dominés par le système et le système lui-même est un mécanisme de domination. Les uns, P. Bourdieu et M. Foucault notamment, pensent que la mise à nu de la domination doit permettre aux acteurs d'être moins dupes de leurs actions et parfois de leurs luttes. Les autres sont plus directement attachés à un projet révolutionnaire. Ces diverses conceptions critiques de l'utilité de la sociologie ne signifient évidemment pas que toutes les recherches qui s'en inspirent soient réductibles à ce projet et ne puissent être tenues aujourd'hui pour des acquis de la sociologie positive et scientifique la moins discutable. Mais je ne parle pas ici de la valeur scientifique des œuvres, j'évoque les représentations de l'utilité sociale de la sociologie définie comme une science du dévoilement et de la critique.

D'autres sociologues se situent d'une toute autre manière dans la vie de la cité. Ils pensent plus directement que la sociologie doit accroître le niveau de rationalité des sociétés et participer de ce que nous nommons depuis la « bonne gouvernance ». Soupçonnée, de manière souvent bien injuste et simpliste, d'être « au service du pouvoir », cette sociologie étudie les organisations, les mécanismes de décisions et ce qu'on appellera un peu plus tard les politiques publiques. Dans ce cas, il s'agit moins de démasquer la domination que de révéler les blocages, les effets pervers, les modèles culturels qui affaiblissent les capacités d'action des acteurs, notamment des responsables politiques et sociaux qui s'efforcent d'agir sur la vie sociale. Le plus souvent, cette conception pragmatique de l'utilité de la sociologie est associée au modèle théorique du choix rationnel afin de montrer que dans la plupart des cas les choix ne sont pas si rationnels qu'ils en ont l'air ou qu'ils le sont autrement. *L'Acteur et le Système* (Crozier, Friedberg, 1977) est sans doute l'ouvrage central de cette période et de cette conception de la vocation de la sociologie. On peut aussi considérer que la théorie des effets pervers, en germe dans *L'Inégalité des chances dans les sociétés industrielles* (Boudon, 1973), participe d'un projet de connaissance visant à optimiser la rationalité des décisions en matière d'éducation, bien que R. Boudon ait toujours pris grand soin de peu intervenir dans les débats publics.

On peut enfin distinguer une troisième conception de l'utilité de la sociologie reposant sur l'intervention des sociologues dans la formation même des acteurs sociaux. Convaincu que la société industrielle basculait vers un autre type de société, la société postindustrielle, A. Touraine (1969 ; 1978) affirmait que la sociologie devait accompagner cette mutation en élevant le niveau de conscience des acteurs, en favorisant l'accouchement de nouveaux mouvements sociaux. Il fallait alors associer un projet de connaissance à une capacité d'intervention directe sur les acteurs grâce à des méthodes qui ne se bornent pas à mesurer et à observer les choses, mais qui essaient de voir comment se constituent les acteurs sociaux eux-mêmes, comment l'ancien monde accouche du nouveau alors même que les acteurs et les mouvements sociaux pensent souvent dans les catégories de la vieille société.

Pour ma part, après une thèse relativement « classique » portant sur la formation des projets professionnels des jeunes, c'est vers cette sociologie que je me suis engagé parce que c'est elle qui me paraissait la plus directement utile, la plus capable de peser sur la vie sociale et politique (Touraine, Dubet, Hegedus, Wieviorka, 1978, 1980, 1981 ; Touraine, Dubet, Strzelecki, Wieviorka, 1982 ; Touraine, Wieviorka, Dubet, 1984).

Pourquoi ce choix qui a déterminé ma vie professionnelle ? Il y a sans doute une rencontre, celle d'A. Touraine, qui m'a donné le sentiment que la sociologie pouvait être autre chose qu'un exercice académique et qu'elle devait intervenir au plus chaud de la vie sociale. Pour le dire de façon directe, j'avais la certitude que je ne m'ennuierais pas. Peut-être voulais-je réduire la distance que je ne cessais d'éprouver entre les rhétoriques idéologiques et politiques et ce que je croyais voir de la vie sociale. J'éprouvais aussi un certain malaise face aux sociologies critiques, non parce qu'elles étaient critiques, ce qui m'allait plutôt bien, mais parce que je les trouvais un peu étouffantes : leurs conclusions étaient déjà contenues dans leurs hypothèses et, surtout, elles faisaient des acteurs de simples supports des structures sociales, ce que je n'acceptais ni pour moi, ni pour les autres. Enfin, la sociologie de l'action rationnelle me paraissait trop portée à accepter le monde tel qu'il est. Son relatif « cynisme », sa « sagesse » et son réformisme modéré étaient bien éloignés de l'air du temps que je respirais.

Cette distinction entre trois grandes conceptions de l'utilité ou de la vocation de la sociologie – la *critique*, le *développement de la rationalité* et l'*intervention* –, est si schématique et si « reconstruite » qu'il ne faut pas la considérer comme un tableau réaliste de la sociologie des années soixante-dix. Chacun des « camps » est extrêmement hétérogène ; au-delà des quelques « phares » évoqués, la plupart des sociologues, jeunes ou moins jeunes, circulent entre les divers pôles. Les oppositions de principes n'interdisent pas les accords latents sur les méthodes, et le clivage qui opposerait des sociologies de gauche à des sociologies de droite et à des sociologies « prophétiques » n'est qu'une caricature. Caricature d'autant plus grossière que, à quelques exceptions oubliées aujourd'hui, le modèle de l'intellectuel organique porte-parole d'une cause et d'un parti n'était déjà plus en cours. Les lectures, les amitiés et les jeux d'admiration franchissaient aisément les frontières artificielles que je viens de tracer. En revanche, les trois types d'utilité de la sociologie esquissés ici paraissent plus solides que la définition des écoles de pensée qui s'est, depuis quarante ans, beaucoup transformée. Mais comme ces modèles de l'utilité de la sociologie sont des « types » relativement abstraits, il faut bien reconnaître que, dans les faits, la plupart de sociologues circulent entre eux au gré de leurs conditions de travail, de leurs projets, de leur sensibilité et des contextes politiques et sociaux dans lesquels ils travaillent. Le même sociologue peut faire des études savantes et serrées qui n'intéresseront qu'un public limité et, à un autre moment, rédiger un article ou un ouvrage dont l'objectif sera de peser sur le débat public.

Bien que ces types de conception de l'utilité de la sociologie puissent parfois évoquer des manières de définir les styles sociologiques (Boudon, 2002 ; Burawoy, 2005), ils ne peuvent pas être confondus avec les définitions de la discipline elle-même. Par exemple, à l'intérieur du cadre critique se tiennent des styles sociologiques bien différents : des études descriptives, « caméralistes » dirait R. Boudon, des analyses statistiques à la manière du *Suicide* de Durkheim, des travaux strictement théoriques... Heureusement d'ailleurs que la manière dont la sociologie est utile n'est pas la conséquence directe de la façon de faire de la sociologie. Sans cette distance entre la production scientifique et la manière dont elle pense agir sur la vie sociale, la sociologie ne serait qu'une forme d'intervention publique et qu'une idéologie. Les travaux peuvent avoir, ou ne pas avoir, une valeur scientifique indépendante de leur utilité et de leurs effets sociaux. À l'inverse, la sociologie peut participer du débat public, des querelles où se mêlent la science et la politique indépendamment du style des travaux et, souvent, sans que les conceptions de l'utilité de la sociologie pèsent directement.

Ces observations valent particulièrement pour les années soixante et soixante-dix, quand les sciences sociales bénéficiaient d'une forte reconnaissance auprès du public cultivé. À ce moment-là, non seulement quelques sociologues entraient dans le gotha des intellectuels les plus reconnus, mais le niveau élevé des tirages et des ventes des ouvrages de sciences sociales les plus sérieux et parfois les plus austères suffisait à montrer que la sociologie était utile puisqu'elle intéressait. En fait, c'est moins la sociologie qui définit son utilité sociale que la société qui définit l'utilité de la sociologie. Pour se convaincre de l'impact social de la sociologie de cette période, il suffit de voir comment certains de ses concepts clés sont entrés dans le vocabulaire. Les managers et les dirigeants les plus éclairés parlent la langue de M. Crozier avec les notions de blocage et de zones d'incertitude, et celle de R. Boudon avec les effets pervers ; l'habitus, la violence symbolique et la distinction n'ont plus de secret pour les militants éducatifs, les critiques culturels et les publicitaires… Il va de soi que les sociologues ne maîtrisent pas les usages qui sont faits de leur production scientifique, mais il est clair que la popularité d'un vocabulaire et de quelques types de raisonnement indique que la sociologie répond à une « demande ».

L'expertise

Si l'on en juge par son développement à partir des années quatre-vingt, la sociologie semble être de plus en plus utile. Des départements et des laboratoires s'ouvrent dans la plupart des villes universitaires, les bureaux d'étude se développent, les sociologues sont employés dans les grandes administrations et parfois dans les entreprises. On prend l'habitude de voir et d'entendre les sociologues dans les médias dès qu'on y parle des « questions de société », qu'il s'agisse des conflits sociaux, des banlieues ou des pratiques amoureuses... Les sociologues ne sont plus des « marginaux » souvent réduits à quelques personnalités brillantes et la discipline s'est progressivement installée. Un lycéen sur quatre apprend les rudiments de la sociologie et, depuis la rentrée 2010, tous y sont initiés. Comme c'est très souvent le cas, la professionnalisation des sociologues et surtout leur multiplication a été associée à une spécialisation croissante. Pour exister professionnellement, les jeunes sociologues sont tentés de devenir les spécialistes d'un domaine particulier. Il arrive même qu'un chercheur fasse toute sa carrière sur le même objet, se plaçant ainsi dans le réseau national et international des spécialistes de cet objet, publiant dans les revues consacrées à un objet dont il devient l'hyper-spécialiste et parfois le « propriétaire ». En dehors des grands thèmes classiques (le travail, les mouvements sociaux, les classes sociales, les organisations, l'éducation, la famille, la religion), la sociologie s'est progressivement constituée comme une sorte de science des problèmes sociaux émergeants : les banlieues, l'immigration, les minorités, les politiques publiques, les médias, les retraités, l'environnement, la science, les techniques, la santé… Au sein de chacun de ces ensemble se forment d'autres spécialités plus fines encore, un peu à la manière du monde médical qui, en cinquante ans, est passé d'une vingtaine de spécialités reconnues à près d'une centaine. L'Association Française de Sociologie compte aujourd'hui plusieurs milliers de membres et plusieurs dizaines d'ateliers thématiques.

Cette évolution vers la spécialisation ne relève pas seulement d'une sorte de loi naturelle de la spécialisation provoquée par la multiplication des membres d'une profession et de ceux qui souhaitent y entrer. Elle répond aussi au renforcement de la demande d'expertise. Avec la décentralisation et la multiplication des lieux de décision, dès le milieu des années quatre-vingt l'évaluation des politiques publiques est entrée dans les mœurs, chaque projet de réforme appelle des études préalables et chaque politique implique – moins souvent cependant – une évaluation de ses effets. L'utilité de la sociologie par l'expertise s'est donc largement imposée et bien des jeunes sociologues « entrent dans la carrière » par ce biais, parfois en bénéficiant de contrats de recherche ou d'une bourse doctorale exigeant qu'une partie de la thèse soit faite dans une association, une entreprise ou une administration, et qu'elle soit donc directement utile (c'est le principe des Bourses CIFRE).

Le développement de l'expertise est parfois perçu comme une forme de renoncement à l'autonomie scientifique, le chercheur étant « au service » d'une organisation plus que de la vérité. Ce soupçon me gêne et je dois dire qu'il y a quelque chose d'un peu désagréable dans la manière dont des sociologues bénéficiant de la liberté que leur donnent l'université et les grands organismes de recherche tiennent en peu d'estime l'expertise à laquelle se consacrent ceux qui, pour vivre, n'ont souvent pas d'autre choix. N'est-il pas étrange d'en appeler à l'utilité de la sociologie et de la condamner quand des responsables et des acteurs lui demandent d'éclairer leurs décisions ? Et puis, rassurons-nous, ces décisions résultent rarement de la seule expertise. De manière plus fondamentale, la distinction entre le savant et l'expert, entre la recherche pure et la recherche appliquée, joue un rôle rhétorique de distinction interne au monde des sociologues bien plus qu'elle ne décrit la réalité des pratiques professionnelles. La plupart des sociologues participent à la fois d'une sociologie générale qui leur confère une légitimité académique, et d'une sociologie spécialisée leur donnant accès aux réseaux professionnels, aux contrats de recherche, aux emplois plus ou moins stables. Le fait que la plus grande dignité soit accordée à ceux qui se présentent comme de « purs » chercheurs n'empêche pas un grand nombre de sociologues, peut-être la majorité d'entre eux, d'être avant tout les spécialistes d'un objet, d'un problème et d'une expertise.

Il me semble donc qu'aujourd'hui, la sociologie est utile et qu'elle l'est de plusieurs manières. Elle est utile quand elle critique, quand elle montre que la société n'est pas ce qu'elle croit être. Elle est utile quand elle conseille. Elle est utile quand elle crée des connaissances « pures » et de l'expertise pratique. Elle est surtout utile quand toute cette activité participe d'un débat plus ou moins ouvert et plus ou moins public. Il n'est pas sûr que la sociologie rende les sociétés meilleures, mais il est certain que les sociétés seraient pires qu'elles ne le sont si la sociologie ne leur renvoyait pas une image d'elles-mêmes plus ou moins vraisemblable et, dans la plupart des cas, une image assez peu complaisante.

CHAPITRE 2

MISE EN CAUSE
ET FAIBLESSES
DE LA SOCIOLOGIE

• *La contestation de la sociologie, sur quel terrain, science ou idéologie ?* • *Légitimité et suspicion* • *Du pluralisme à la dispersion, une vraie faiblesse politique de la sociologie*

Dans la plupart des pays riches et relativement démocratiques, la sociologie n'est pas plus mise en cause aujourd'hui qu'hier. Au contraire, elle émerge et se développe dans des pays où elle était faible ou quasiment absente et qui ne sont pas des « petits pays », comme la Chine et l'Inde. L'Association Internationale de Sociologie est de plus en plus internationale. La sociologie est vivante et dynamique depuis longtemps en Amérique latine, elle n'a pas disparu en Afrique et il est évident qu'elle se développe en Asie et dans les anciens pays communistes. On enseigne un peu de sociologie aux travailleurs sociaux, parfois aux médecins, aux juristes et aux journalistes… En France, la revue *Sciences Humaines* est dans tous les kiosques ; ce n'est pas une revue savante, mais elle est excellente et qui a jamais cru que les revues les plus « pointues » et les plus austères touchaient des publics de masse ?

Bien sûr tout ne va pas pour le mieux dans le meilleur des mondes : les départements de sociologie ne sont pas les plus puissants de leur université, les crédits de recherche attribués aux sociologues ne sont pas toujours à la hauteur des besoins, les tirages des ouvrages de sociologie sont relativement faibles, comme ceux des historiens, des philosophes et des psychologues les plus sérieux. On peut craindre que la sociologie soit moins séduisante aux yeux des étudiants qui choisissent des disciplines offrant des carrières moins incertaines et mieux rémunérées. Et pour ceux qui vont au bout du parcours de leur formation, l'accès à un emploi stable de sociologue est de plus en plus aléatoire. C'est peut-être là le plus grand danger.

On doit donc porter des jugements nuancés sur la situation de la sociologie et, sauf à considérer qu'elle devrait être la « science reine », elle ne se porte pas aussi mal qu'on le dit souvent. En tous cas pas plus mal que ses disciplines « cousines ». La sociologie, comme bien des disciplines et comme quelques institutions, dont la famille, l'école ou l'Église et le monde de la culture en général, s'inscrit volontiers elle-même dans un récit de la crise. Il y aurait eu un « âge d'or », celui des pères fondateurs et des grands sociologues qui leur ont succédé, il y aurait eu le moment d'une véritable influence sociale, il y aurait eu le temps de la pure liberté de recherche… Et pour les enseignants, il y aurait le temps des étudiants brillants, tous portés par une vocation éclatante. Je suis toujours surpris de voir mon propre monde professionnel céder aux représentations et aux récits qu'il perçoit si bien chez les autres. « Avant », tous les sociologues, comme tous les musiciens, n'étaient pas des génies, tous les livres publiés dans les années soixante-dix n'étaient pas des chefs-d'œuvre – loin de là –, tous les laboratoires n'étaient pas créatifs… Mais le temps passant, on ne se souvient que de ceux qui émergent et résistent à l'usure et on finit par penser que tout était à leur image. Alors, ils deviennent des géants dont la sociologie la plus académique ne cesse de commenter les œuvres comme autant de témoignages d'un âge d'or. Tout aurait déjà été dit, et tellement mieux, par les grands sociologues du passé ! Bien sûr, il faut lire et relire les « pères fondateurs », mais certainement pas pour jouir des voluptés du sentiment de décadence.

La sociologie est mise en cause, aujourd'hui comme hier, par les mêmes ennemis, par tous ceux qui n'aiment que se voir disputer le monopole de la représentation de la vie sociale. Et quand on y réfléchit un peu, cette situation est normale car, avec son espèce de réalisme cru, avec son relativisme, avec son cynisme et cette façon de ne pas croire ce qu'on lui raconte, la sociologie déchire le décor de la vie sociale. Alors il reste quelques philosophes pensant que la sociologie est bien « triviale ». Il reste quelques économistes n'aimant pas que l'on montre que l'économie n'explique pas la totalité des phénomènes sociaux. Il reste des psychologues croyant que les conduites s'expliquent avant tout par la personnalité, l'histoire et, de plus en plus souvent, par les caractères innés des individus. Mais il s'agit là de combats relativement limités et je ne crois pas que la sociologie soit frontalement contestée. Le fait qu'il existe des explications concurrentes à celles de la sociologie ne signifie pas que la sociologie soit mise en cause dans un univers scientifique où l'on admet aisément que les mêmes objets « réels » peuvent être saisis et redéfinis par diverses disciplines. Par exemple, il ne peut y avoir de guerre ouverte entre les sociologues qui s'interrogent sur la distri-

bution statistique de l'échec scolaire, et les psychologues qui essaient de comprendre les mécanismes
psycho-cognitifs de l'apprentissage. Dans le monde
de la recherche, la relative indifférence de chaque
discipline envers ses voisines est bien plus répandue
que l'agression. Les mises en cause de la sociologie
ne se font guère sur le plan de la démarche scientifique proprement dite.

Les critiques de la sociologie se déploient sur
un registre plus politique que scientifique : on se
demande à quoi sert la sociologie et, dans le cas où
elle servirait à quelque chose, si son rôle ne serait
pas négatif. Revenons à l'exemple des analyses de
l'échec scolaire. S'il n'y a rien à redire à l'explication de cet échec par des causes psychologiques
singulières, il devient extrêmement discutable de
réduire l'échec scolaire à ces seuls mécanismes
puisque les sociologues montrent que les enfants
des groupes défavorisés échouent plus que les
autres. Le gouvernement qui n'adhère qu'à l'explication psychologique attribuera la responsabilité de
l'échec aux individus eux-mêmes, il proposera des
dépistages précoces et des programmes spéciaux,
il ne se sentira pas tenu de réduire les inégalités
de l'offre scolaire comme l'analyse sociologique l'y
invite. Le gouvernement qui n'adhère qu'à l'explication sociologique agira seulement sur les struc-

tures quitte à oublier que les moyennes statistiques cachent des distributions individuelles : le fait que les filles aient *en moyenne* de meilleurs résultats scolaires que les garçons, ne signifie pas que *toutes* les filles et que *chaque* fille ait de meilleurs résultats que *tous* les garçons et que *chaque* garçon. Parce que les analyses induisent ou suggèrent des politiques différentes, elles peuvent être mises en cause en raison de leurs effets sociaux réels ou supposés. Il existe alors une concurrence scientifique qui est le masque d'un conflit politique et idéologique. La concurrence des influences est encore plus vive entre la sociologie, certaines sociologies, et l'économie, certaines économies aussi, qui peuvent appeler des réponses sociales et politiques fortement contrastées aux mêmes problèmes sociaux.

Si la sociologie est aujourd'hui mise en cause, c'est moins en raison de son statut épistémologique de « science molle » qu'en raison de sa propension à « expliquer le social par le social » et donc à esquisser des réponses et des solutions qui peuvent déplaire à des pouvoirs conservateurs et, plus récemment, conservateurs et « ultralibéraux ». Ceux-ci pensent, ou ont intérêt à affirmer, que les conduites des individus ne dépendent que d'eux, de leur raison, de leurs bonnes raisons, de leur morale et de leurs intérêts, et que les structures sociales n'y sont pour rien.

Généralement, ces gouvernements défendent une morale sociale traditionnelle assez autoritaire afin de « structurer » les individus, et un élargissement du libre marché dont on croit qu'il les libérera tout en créant un ordre harmonieux et juste. Évidemment, dans ce cas, la sociologie, sauf dans sa version la plus radicalement utilitariste, devient gênante et des explications alternatives de la vie sociale ont toutes les chances d'avoir plus de succès.

Mais la sociologie est aussi mise en cause par les intellectuels et les militants qui pensent détenir les clés de l'interprétation du monde avec des arguments totalement opposés à ceux des néoconservateurs. Si tout s'explique par les lois du capitalisme et de la mondialisation, par la puissance écrasante et perverse des dirigeants, par la manipulation absolue des masses et par la toute puissance des stéréotypes de genre, de classes et de « races », alors la sociologie, sauf dans sa version la plus radicalement critique, n'a guère de chance d'être entendue. Il m'arrive de craindre que l'air se raréfie pour la sociologie car, pour exister dans le débat public, la sociologie a besoin qu'il y ait de l'espace intellectuel entre les éditoriaux du *Figaro Magazine* et ceux du *Monde diplomatique*.

Résumons : la sociologie n'est pas « en crise » autant qu'on le croit et ses adversaires l'attaquent plus pour des raisons idéologiques et politiques que pour des raisons proprement scientifiques. Cela étant dit, la sociologie est mise en cause au nom de faiblesses réelles. Étant membre de la tribu des sociologues français, il m'est assez facile d'en souligner les faiblesses, et assez difficile de le faire sans être suspecté de partialité intéressée ou de mauvaise foi inconsciente.

Les fausses querelles de la sociologie

La sociologie peut être mise en cause parce qu'elle est plurielle. Il n'y existe pas, comme dans les sciences de la nature, une théorie hégémonique ou, comme dans certaines sciences sociales, comme l'économie, un ensemble théorico-méthodologique dominant. La manière dont la sociologie assume et gère son pluralisme l'affaiblit incontestablement.

Ceux qui mettent en cause la sociologie ont bien souvent une conception extrêmement affirmée de la science. Dans les laboratoires, les savants seraient tous les mêmes, tous peu ou prou poppériens : les hypothèses seraient falsifiables, les méthodes permettraient de les vérifier et de produire des résultats tenus pour justes jusqu'à preuve du contraire. De ce point de vue, la sociologie a peu de chances de sauver sa peau. Comme l'a bien montré J.-C. Passeron (1991), la sociologie n'est pas vraiment une science poppérienne, mais elle est une *discipline* comme l'histoire et l'anthropologie, d'ailleurs moins contestées quant à leur statut, peut-être parce qu'elles portent sur des acteurs plus éloignés dans le temps et dans l'espace. Il n'est pas rare que ce soit les sociologues les plus éloignés de la recherche active qui défendent une conception aussi haute, voire hautaine, d'une science que, pour leur propre compte, ils commentent plus qu'ils ne pratiquent, tant elle les impressionne.

Il faut s'y faire, comme le disait J.-M. Berthelot (1992), la sociologie est pluraliste, elle comprend plusieurs paradigmes, plusieurs *themata* dont chacun repose sur une conception de la nature du social et dont chacun appelle des méthodes spécifiques. Il ne viendrait à l'esprit de personne de dire que Weber est moins sociologue et scientifique que Durkheim, ou l'inverse, la force de l'un et de l'autre étant d'avoir construit un système d'hypothèses suffisamment solides pour les rendre vraisemblables sinon parfaitement réfutables. Il en est de la sociologie comme de l'histoire, aucune histoire de la Révolution française n'est définitive ; un historien imaginatif pourra toujours poser de nouvelles questions et s'appuyer sur un nouveau stock de faits, d'archives, pour construire une démonstration que d'autres discuteront, soit parce que les hypothèses ne seront pas vérifiées, soit parce que d'autres matériaux les contrediront. Cette logique est fort éloignée de l'imaginaire des sciences dures qui reste une référence écrasante, d'autant plus écrasante que ceux qui en font un idéal en sous-estiment généralement les tâtonnements et les limites. Cependant, la diversité des paradigmes et des méthodes ne doit pas nous conduire vers un strict relativisme ; il y a des connaissances plus solides et plus vraies que d'autres.

Mais la sociologie se met en position de faiblesse quand son pluralisme théorique et méthodologique donne lieu aux fausses querelles qui sont un des « charmes » de la discipline et malheureusement un des rites de son enseignement aux jeunes étudiants.

Holisme *versus* individualisme. L'étudiant en sociologie qui n'aurait pas déjà planché sur ce thème a peu de chances d'y échapper. Côté holisme, les structures seraient tout et les individus ne seraient rien. Cette position n'a jamais été défendue par un sociologue sérieux, notamment par Durkheim qui est censé l'incarner alors qu'il affirmait que l'individu est le « dieu » des sociétés modernes et qu'il est socialisé pour être autonome. Côté individualisme, la position est plus étrange encore : quel sociologue pourrait défendre l'idée d'un individu déjà-là, tout constitué et se conduisant en société armé de sa seule raison ? Bien sûr, on dira qu'il s'agit d'un holisme et d'un individualisme « méthodologiques ». Et là je comprends encore moins car chacun sait que si les structures sociales, les contraintes et les modèles culturels précèdent l'action et la conditionnent, l'action produit, reproduit, critique et transforme ces structures et ces conditions. Au fond, chacun des deux termes de la querelle est l'impensé de l'autre. Mais il n'empêche que nous continuons à faire semblant d'être obligés de choisir.

Objectif *versus* subjectif. Depuis Dilthey, on sait que les sciences humaines se heurtent à un problème : les acteurs sociaux agissant subjectivement, leurs conduites et leurs représentations doivent être comprises plutôt qu'expliquées. Au même moment les courants positivistes affirment que les sciences humaines n'ont guère de singularité si elles veulent être des sciences et que, plutôt que de comprendre les conduites, elles doivent les expliquer comme des engendrements de causes et de conséquences. Voilà le décor planté à la fin du XIXᵉ siècle. Il y aurait des sociologues amateurs de statistiques voulant « expliquer » au nom de la vraie science, et des sociologues amateurs d'entretiens et d'herméneutique voulant « comprendre » au nom de l'intentionnalité subjective des conduites. La querelle ne manque pas d'allure, mais elle ne résiste pas à l'observation des meilleures recherches empiriques qui sont, à la fois, compréhensives et explicatives, qui montrent comment les subjectivités sont produites par des contextes culturels et des contraintes sociales, mais qui montrent aussi comment les acteurs interprètent le monde, agissent et ne collent jamais exactement aux contraintes. Faut-il rappeler qu'un tableau de corrélation entre des positions sociales et des attitudes ne peut avoir un sens sans le recours, plus ou moins explicite, à une théorie implicite des motifs ?[1] À l'opposé, faut-il rappeler que les individus agissent dans un monde social objectif qui ne les attendait pas et que, pour qu'un acteur agisse rationnellement comme un *homo economicus*, encore faut-il qu'il parle la même langue que ses partenaires et que ses concurrents ?

---

1. Imaginons que l'on observe une corrélation statistique solide entre la consommation de poisson et le goût pour la musique de Pierre Boulez. Une explication causale chercherait des liens entre la consommation de poisson et la perception auditive, ou entre les effets de cette perception sur les papilles gustatives ; à terme, on étudiera les liens entre les cellules du poisson et celles de l'auditeur. Une théorie des motifs se demanderait s'il n'y a pas une homologie entre les goûts ascétiques liés à la consommation de poisson et les goûts musicaux, tout aussi ascétiques, pour la musique de Pierre Boulez. On pourrait même essayer de montrer que ce sont les mêmes catégories sociales qui associent ces deux types de motifs. Cet exemple n'est pas aussi absurde qu'il pourrait sembler quand on voit que de nombreuses recherches, de type épidémiologique, choisissent le premier type d'explication parce qu'il semble plus directement causal et donc plus scientifique.

La dernière querelle à la mode oppose le « constructivisme » aux sociologies « positivistes » qui croiraient naïvement que les faits sociaux sont vraiment des choses, des « réalités » comme le sont les choses de la nature. Ce constructivisme attaque généralement une thèse que personne n'a défendue, à commencer par Durkheim lui-même dont *Les Formes élémentaires de la vie religieuse* sont un bel exemple de constructivisme. Il va de soi qu'il faut montrer comment les « choses » sont construites par les catégories de l'entendement social et par les oppositions d'intérêts qui s'y manifestent. Mais on ne peut pas oublier que ces « choses-là » n'en sont pas moins solides et fortement résistantes à la volonté des hommes ; les religions et les systèmes juridiques sont construits et ils existent *vraiment* parce qu'ils engendrent de *vraies* pratiques. Une fois que l'on a dit que les catégories de la vie sociale étaient construites, il reste à analyser positivement leur fonctionnement : je critique les statistiques, les archives, les entretiens et les autres données, et j'ai beau savoir que ce matériau est lui-même construit, je m'en sers n'ayant pas d'autre choix, dans les sciences de l'homme comme dans les sciences en général. Combien de recherches imposent au lecteur de longs préalables de déconstruction des données disponibles, pour finir par les utiliser comme tout le monde et par les prendre au sérieux ?

Toutes ces disputes, il en existe quelques autres, seraient seulement dérisoires et parfois vaguement ridicules si elles n'engendraient pas une atmosphère un peu verbeuse autour de la sociologie. Sous le prétexte de développer la culture scientifique et la lucidité épistémologique, il arrive que l'on engage les étudiants dans des débats ayant d'autant moins de sens pour eux qu'ils ont du mal à percevoir quelles pratiques de recherche ils désignent. La plupart des thèses et bien des articles savants sont précédés de longs préambules et de longs commentaires « épistémologiques » qui découragent d'autant plus le lecteur que le contenu de la thèse ou de l'article n'a souvent aucun rapport avec ces savantes mises au point. La sociologie n'est pas le roman, elle n'a pas pour vocation de séduire et de « faire vrai », mais elle peut être raisonnablement mise en cause quand des démonstrations plutôt convaincantes sont rendues illisibles alors que rien ne le justifie et quand chaque chercheur se croit tenu d'inventer son propre vocabulaire. Le risque de cette pratique est assez évident : soit le lecteur se décourage devant tant de culture précaution-neuse, soit il découvre qu'elle n'est qu'une manière nouvelle et « chic » de dire ce que la sociologie a déjà montré depuis longtemps. «Tout ça pour ça ! » a-t-on envie de dire.

Cette manière de rendre la sociologie inaccessible vient probablement d'un profond sentiment d'illégitimité scientifique. Quand on n'est pas certain de faire de la science, on exhibe une réflexion sur la science et sur les méthodes. Je ne crois pas pour autant que l'écriture sociologique doive être obligatoirement simpliste et directement accessible à tous ; il existe des raisonnements complexes qui supposent une expression complexe et une maîtrise des méthodes et des vocabulaires techniques. Mais pour en rester aux Français, Tocqueville, Durkheim, Halbwachs, Aron, Crozier, Touraine et beaucoup d'autres n'ont pas fait de leur écriture-même un obstacle à la compréhension de leurs textes.

Si le style Diafoirus peut expliquer certaines mises en causes de la sociologie, le risque opposé n'est pas moindre. « Tout ça pour ça ! » peut-on se dire encore quand la sociologie devient une sorte de témoignage plus ou moins talentueux. Et si la profession des sociologues veut tant se démarquer du style des journalistes, c'est sans doute parce que, dans ce registre, quelques journalistes sont bien meilleurs. S'il s'agit de décrire le climat de l'école à un moment donné, le livre d'H. Hamon et de P. Rotman *Tant qu'il y aura des profs* (1984) est inégalé. S'il faut rendre compte de l'expérience des femmes peu qualifiées vouées aux emplois précaires, les sociologues ne font pas mieux que F. Aubenas (2010). Quand la sociologie ne fait que dire ce que les acteurs eux-mêmes disent souvent mieux, il y a peu de chances qu'elle convainque de son utilité sociale et politique.

Le pluralisme théorique et méthodologique n'est, en soi, ni une force, ni une faiblesse, il est dans la nature même de la sociologie et chacun doit le défendre. Mais une fois posée cette affirmation libérale bien sentie, les problèmes commencent parce qu'une discipline naturellement pluraliste doit être capable de se réguler et de se gérer, tout en affirmant une relative unité. Parce que le nombre des sociologues a fortement crû durant les trente dernières années, parce que la demande sociale s'est diversifiée, l'auto-organisation de la discipline n'est pas des meilleures. Au monde limité des « mandarins », parisiens pour l'essentiel et circulant entre le CNRS, la Sorbonne et l'École des hautes études en sciences sociales, s'est substituée une multitude d'équipes et de départements. La dispersion est la règle. Les étudiants formés dans tel ou tel endroit ont parfois toutes les chances d'ignorer ce qui se fait ailleurs que chez eux : ici, on ne fait que du Bourdieu ; là, que des statistiques ; ailleurs, on en ignore tout ; ailleurs encore, on ne fait que de la « micro » ; à côté, que de la « macro »… Et comme les supports de publications se sont multipliés plus rapidement que le nombre des lecteurs, chacun peut créer son propre monde intellectuel, parfois sa propre secte.

Cette situation n'est pas seulement « folklorique ». Elle a provoqué une très grave crise quand le CNU[2] est devenu le lieu des règlements de comptes et des captations des promotions. Elle est aussi révélée par l'extrême difficulté de s'accorder sur la hiérarchie de la valeur des revues et des publications, chacun pouvant prétendre à être son propre juge dès lors que le pluralisme théorique et méthodologique explose en une myriade de singularités. Il me semble évident que la faiblesse politique du monde des sociologues participe des mises en cause de la sociologie et que notre discipline serait plus forte si elle parvenait à dire quel en est le *background*, le socle de méthodes et de raisonnements de la discipline et, pour le dire de manière plus triviale, si elle parvenait à dire ce que tout sociologue doit savoir et doit savoir faire indépendamment de ses goûts, de ses choix et de ses idées.

Sans cette capacité politique et professionnelle, on peut craindre que d'autres disciplines, notam-

---

2. Le Comité national des universités est une instance élective chargée, dans chaque discipline, de qualifier les candidats aux postes d'enseignants-chercheurs et de proposer des promotions professionnelles. Elle est composée d'enseignants-chercheurs élus par leurs pairs et de membres nommés par le ministère de la recherche.

ment l'économie, « ramassent la mise ». Le risque est d'autant plus sérieux que l'air du temps politique n'est guère favorable aux sciences sociales, que l'enseignement supérieur et la recherche sont emportés dans une mutation dont sortira une hiérarchisation plus affirmée des universités, des départements et des laboratoires. Dans le maelström qui arrive, les disciplines qui sortiront renforcées ne seront pas nécessairement les meilleures et les plus utiles, ce seront aussi les plus capables de s'organiser et de se réguler. C'est en tous cas ce que la sociologie devrait apprendre aux sociologues : les vainqueurs n'ont pas forcément raison, mais ils sont les mieux armés et les mieux organisés.

CHAPITRE 3

COMMENT RECONNAÎTRE LA « BONNE SOCIOLOGIE » ?

• La sociologie comme espace intellectuel ouvert et les risques d'un modèle académique normatif • Les méthodes varient, mais l'exigence de rigueur et de pertinence est constante • Comment des connaissances solides participent aux débats de la vie sociale

Il est plus facile d'évoquer les faiblesses de la sociologie que de dire ce qu'est « la bonne sociologie ». Là encore il faut faire quelques remarques préalables qui ne sont pas strictement formelles.

Même en m'efforçant d'être objectif, je serai fatalement poussé à affirmer que la bonne sociologie est celle qui me plaît et que la mauvaise sociologie est celle qui me déplaît ou ne m'intéresse pas, ce qui n'est pas exactement la même chose. Comme je ne connais pas toute la sociologie, les aspects subjectifs de mes jugements seront d'autant plus manifestes. Cela dit, cette précaution n'est pas aussi totalement fondée qu'elle pourrait sembler. En dépit de la diversité et de la concurrence des Écoles, des groupes, des clans et des styles, il se dégage souvent une forme d'accord implicite sur ce que pourrait être la bonne sociologie. Il suffit d'avoir été membre durant plusieurs années du comité de rédaction d'une revue assez pluraliste, comme *Sociologie du travail*, pour s'apercevoir que, malgré les goûts et les couleurs, il existe le plus souvent un accord latent sur ce qu'est un bon texte soumis à publication et, plus nettement encore, sur ce qu'est un mauvais texte. Je suppose que les revues plus fortement attachées à un cadre théorique précis, *Les Actes de la recherche en sciences sociales* par exemple, ont aussi une image de ce qu'est un bon ou un mauvais article indépendamment de sa stricte adhésion à la ligne de la revue. Il suffit d'avoir siégé dans un comité d'appel d'offres chargé de sélectionner des projets de recherche pour voir que les jugements s'accordent immédiatement sur quelques projets jugés excellents et sur d'autres perçus comme faibles et inachevés. Enfin, quand un chercheur envoie le manuscrit d'un livre à un éditeur considéré comme sérieux, il se heurte à une norme de qualité, celle des attentes supposées de divers lectorats très spécifiques : plus ou moins savants, plus ou moins critiques, plus ou moins attentifs, plus ou moins internationaux… Bien sûr il y a une crise de l'édition et les éditeurs veulent gagner de l'argent ou entrer dans leurs frais bien que nombre de livres soient publiés à perte. Mais ne caricaturons pas trop le marché des livres de sciences sociales : il se publie des livres « grand public », mais aussi des livres austères et savants, quelques titres, un ou deux par décennie, réussissant à être l'un et l'autre. Cette vision est sans doute un peu trop apaisée, mais le milieu professionnel des sociologues n'est pas aussi anomique qu'il le pense parfois lui-même. Au-delà du pluralisme et des querelles qui en découlent nécessairement, il existe aussi un consensus latent sur la bonne sociologie. En tout cas je veux le croire et faire comme si.

Cette observation appelle un second ensemble de remarques. L'instauration d'une conception de la bonne sociologie ne serait au bout du compte que le triomphe d'un modèle académique condamné à fermer les frontières et à sauver les meubles. Dans ce cas, la bonne sociologie serait une sociologie officielle à laquelle chacun se plierait pour faire carrière. La sociologie perdrait alors sa créativité, deviendrait une accumulation routinière de raisonnements, de théories et de méthodes, une sorte d'accumulation maniaque, un discours se répétant et se commentant lui-même. Aussi n'est-il pas forcément mauvais que les normes de la « bonne sociologie » ne soient pas trop explicitées dans un espace intellectuel qui doit gérer sa diversité et son unité. En ce sens, je ne suis guère favorable à l'idée d'une charte ou d'un code des sociologues dont la conséquence sera de fermer la porte aux esprits les plus originaux, et comme les vocations de gardiens du temple ne manquent pas, méfions-nous !

Des faits

Il est évident que l'on doit se défier de l'évidence des faits en général et des faits sociaux en particulier. Nous savons que nous appréhendons la « réalité » – qui exige alors des guillemets pour montrer que nous ne sommes pas dupes – par le biais de nos outils, de nos regards, de nos cultures, de nos corps, de nos intérêts plus ou moins conscients. Nous savons que nous devons nous méfier de nous-mêmes et faire le double effort de savoir comment les faits qui nous sont proposés sont construits et comment, nous-mêmes, nous les percevons, utilisons et comprenons les faits qui nous sont proposés. Il arrive que ces règles soient présentées comme une révélation « postmoderne » et soient aujourd'hui poussées assez loin quand la sociologie passe beaucoup de temps à déconstruire ce qui est présenté comme naturel et allant de soi : on n'interprète pas les statistiques, on montre comment elles sont construites, on ne décrit pas les relations sociales, mais on déconstruit les catégories – genre, âge, culture – qui les commandent. On n'évalue pas l'efficacité d'un modèle, mais les prémisses arbitraires de sa construction ; on ne critique pas une analyse, on dénonce ce à quoi elle sert ou pourrait servir... La sociologie devient alors un effort continu de dénaturalisation du social, de déconstruction des discours que les sociétés tiennent sur elles-mêmes dans une spirale que rien n'interrompt puisque la déconstruction peut, à son tour, être déconstruite. L'important est moins de dire quelque chose qui paraît vrai que de ne pas avoir l'air dupe. Tout cela est très bien à condition que cette démarche ne soit pas l'alpha et l'oméga de la recherche.

Quand on oublie que les faits construits n'en sont pas moins des indicateurs de quelque chose de réel, ne serait-ce que parce que les acteurs sociaux les prennent pour tels, la société se présente comme un vaste discours qu'il faudrait démonter par des jeux croissants de critiques et de critique des critiques. Cette défiance à l'égard des faits est même devenue si intense que quelques théoriciens « postmodernes » en tirent la conclusion logique : le chercheur ne peut parler que de lui-même et du regard qui lui permet de décrire ce qu'il décrit. Dans ce cas, les sciences sociales deviennent des récits auto-biographiques dont la construction elle-même n'échapperait d'ailleurs à personne.

S'il est bon de se méfier de l'évidence des faits, il reste que la « bonne sociologie » doit construire des faits solides. Quelles que soient les méthodes utilisées, les observations, les entretiens, les questionnaires, les traitements statistiques, l'analyse de documents, elles doivent produire un matériau suffisamment consistant pour qu'il résiste à l'interprétation, pour qu'on ne puisse pas lui faire dire n'importe quoi ou tout et son contraire. La sociologie est issue des grandes enquêtes sociales du XIXe siècle, des observations minutieuses, des récits de voyage, des statistiques sociales, toutes constructions de faits dont on ne peut ignorer les biais et les a priori, mais faits malgré tout. Même si les lignages patrilinéaires ont été construits par une anthropologie coloniale, ils sont vraiment des lignages patrilinéaires. La sociologie reste fondamentalement utile quand elle montre ce qu'on ignorait, quand elle révèle des mécanismes cachés, quand elle dévoile des morceaux de réalité. Cette exigence de rigueur et de précision, cette nécessité de savoir exactement de quoi on parle, cette capacité de situer les affirmations parmi des ensembles plus vastes est une des qualités essentielles de la bonne sociologie qui, à bien des égards, est une discipline naturaliste, descriptive et réaliste.

On dit que les jeunes ne lisent plus et que le « niveau baisse» ; pour être certain qu'il ne s'agit pas là du vieux ressac de la nostalgie, faisons des enquêtes précises. Dans le pire des cas, on pourra au moins affirmer qu'on n'en sait rien et ce ne serait déjà pas si mal. On dit que les jeunes issus de l'immigration sont plus délinquants que les autres : est-ce vrai ? Si c'est vrai, est-ce un effet des cultures, est-ce un effet de la pauvreté et de la sous-qualification professionnelle, est-ce un effet de la stigmatisation qui oriente le contrôle social vers ces groupes… ? Et si c'est faux, pourquoi persiste-on à croire dans des idées fausses ? Pourquoi des projets de réforme a priori si rationnels et si favorables à l'intérêt général se heurtent-ils à des résistances ? Les individus sont-ils conservateurs par principe ou simplement égoïstes, ou bien ont-ils de solides raisons de refuser des changements qui sont bien moins rationnels et efficaces qu'on pourrait le penser ? Toutes ces questions peuvent sembler extrêmement triviales et ressassées, mais dans la mesure où les représentations et les croyances se transforment en pratiques réelles et souvent en décision politiques, les connaissances factuelles apportées par la sociologie, quelles que soient les méthodes adoptées dès lors qu'elles sont solides, sont indispensables aux débats relativement ouverts et rationnels. Le jeu des idéologies, des opinions et des croyances est comme refroidi par les enquêtes sociologiques qui peuvent dire, un peu, ce qu'est la « réalité » des choses. Je suis plutôt satisfait de vivre dans une société où la sociologie et les autres sciences sociales, aussi « molles » soient-elles, font que l'on ne peut pas dire totalement n'importe quoi. Mais cela suppose que les sciences humaines soient empiriquement fiables et qu'elles ne soient pas un forme d'opinion ou de récit parmi d'autres.

L'histoire de la sociologie est ponctuée par des enquêtes célèbres sur des organisations, comme des hôpitaux, sur des villes, sur des groupes sociaux, sur des communautés, enquêtes dont on dit souvent qu'elles ne « vieillissent pas » et dont les « faits » sont si solides et si précis que d'autres sociologues que leur seul auteur y reviennent sans cesse y tester d'autres raisonnements. Il y a donc un aspect « professionnel » indiscutable des faits construits par les bonnes recherches. Le sociologue sait de quoi il parle, il a le droit d'en parler en raison d'un niveau de connaissances élevé.

Ces lignes ne sont pas la défense nostalgique du travail bien fait et si possible « à la main ». Elles ont aussi une portée épistémologique. La qualité des matériaux tient à ce qu'ils *résistent* aux hypothèses des chercheurs. Nous ne sommes pas, en sociologie, dans le laboratoire idéal et dans la communauté scientifique parfaite de l'épistémologie de Popper – pour autant qu'on y soit dans les autres domaines scientifiques –, mais il reste que le matériau doit être suffisamment robuste pour résister aux hypothèses du chercheur. Rien n'est plus pénible que les travaux dans lesquels les faits mobilisés sont là pour « illustrer » une thèse déjà constituée, tout ce qui pourrait lui résister et la contredire étant passé sous silence ou pire, considéré comme une ruse ultime du système démontrant in fine la validité de la thèse. Par exemple, j'affirme que *tous* les enfants occupent la même position sociale que celle de leurs parents et quelques statistiques bien choisies me permettent d'en faire une sorte de « loi ». Mais comme cette loi ne vaut pas pour tous, et parfois pour l'auteur de la théorie, je tiens les exceptions pour une illusion produite par le système « visant » à cacher la force de la reproduction sociale. On peut faire le même « coup » avec les effets pervers, les zones d'incertitude, la stigmatisation et les mouvements sociaux. Ce qui est gênant dans l'inconsistance des faits, c'est qu'elle libère la force du raisonnement et qu'elle accroît leur séduction bien plus que ne le permettent les faits plus lourds et plus exigeants.

On a le droit de rédiger des essais, je m'y suis parfois laissé aller ; dans ce cas, le raisonnement commande et l'auteur picore çà et là les éléments qui lui permettent de défendre sa thèse. Mais il faut distinguer les territoires et les styles : les essais peuvent être bien plus intelligents et stimulants que les recherches, mais ils n'en sont pas. Des sociologues ont été et sont virtuoses dans le genre, mais force est de constater qu'ils sont moins efficaces que ceux qui, professionnellement, ne se donnent d'autre exigence que de mettre des idées, si possibles excitantes, sur le marché : le « risque », le « vide », « l'individualisme », la « mobilité », le « communautarisme » deviennent le commun dénominateur de l'ensemble de la vie sociale, il suffit de choisir le bon mot pour qualifier la clé qui ouvre toutes les portes. Ayant eu parfois à débattre avec des philosophes et des intellectuels piqués des problèmes d'éducation et incontestablement brillants, j'ai pu constater qu'ils tenaient les faits tels que les enquêtes les révèlent dans une ignorance et un mépris non dissimulés. Et dans ces débats, le sociologue, avec ses statistiques et ses enquêtes, a toujours l'air un peu minable, un peu banal, un peu triste, un peu laborieux. Pourtant c'est son positivisme « naïf » qui peut lui donner de la force, à condition de ne pas craindre d'apparaître comme un spécialiste, un expert, quelqu'un qui sait de quoi il parle et qui en a payé le prix.

Des raisonnements et des mécanismes

Il ne sert à rien d'accumuler des faits s'ils ne disent rien, et ils parlent seulement si on leur pose des questions. Tous les traités de sociologie l'affirment : il ne saurait y avoir de travail de terrain sans avoir, au préalable, formulé quelques hypothèses. Si l'on en croit les manuels de sociologie, les sociologues aimeraient travailler comme ils imaginent que le font leurs collègues des sciences dures. Ce serait une manie bien innocente si elle n'encourageait pas les étudiants à faire ce que fort peu de chercheurs font en confondant l'ordre de présentation des articles scientifiques avec la démarche de recherche elle-même. En fait, tout le monde connait ce secret de polichinelle : on bricole.

Ni l'idéal des pures hypothèses testées sur un matériau parfaitement contrôlé, « comme dans un laboratoire », ni le modèle inverse de la *grounded theory* surgie du terrain par la seule force des observations, ne rendent pleinement compte du mouvement continu qui va des interprétations aux données et des données aux analyses. Nous aurions d'autant plus tort de nous priver de ce cheminement qu'il est le moment le plus excitant de la recherche. Le terrain donne des idées aux chercheurs, et le chercheur vérifie ses idées avec les faits. Bien sûr, il faut des hypothèses ou des idées initiales pour lancer la machine, savoir quoi chercher et où chercher, quoi regarder et quoi écouter. Généralement, les hypothèses se développent et se précisent dans un processus d'affinage continu. Quant aux méthodes, la seule question pertinente est celle de leur adéquation aux questions posées. Pour en revenir à des recherches classiques, si je veux savoir ce qui fait varier des taux de suicides entre divers pays, classes sociales, sexes… le plus sage est de développer des comparaisons statistiques entre diverses familles de variables. Mais si je veux savoir pour quelles raisons des individus se suicident, mieux vaut reconstruire des récits de suicides et rencontrer les psychiatres qui soignent les auteurs de tentatives de suicide. Rien n'interdit de croiser les méthodes et de les multiplier à condition d'avoir en tête le type de réponses que peut prétendre donner chacune des méthodes.

Si l'on ne peut plus imaginer d'établir les lois générales d'une physique des sociétés et de leur évolution, rien n'interdit de mettre à jour des mécanismes, des structures et des systèmes, fussent-ils de portée limitée. Même si l'action sociale est toujours contextualisée, localisée, singulière en fonction des milieux et des individus, la sociologie doit dégager des ensembles de significations, des formes de logique et de rationalité de l'action, des types d'interaction sociale qui peuvent valoir au-delà des seules observations et des seuls matériaux recueillis dans une recherche singulière. Il me semble évident que la recherche faite sur les lycéens de tel lycée ou sur les postiers de tel bureau doit valoir au-delà de ces cas si le sociologue met en évidence des types d'action et de relation relativement stables. Il arrive que la sociologie soit, à mes yeux, un peu décevante quand, sous le prétexte de précision locale extrême, on décrit des relations qui ne valent que là où elles ont été observées. On en déduit alors que la vie sociale est faite de conventions locales, « d'arrangements » parfaitement aléatoires et spécifiques, ce qui est presque aussi décevant que la tendance inverse consistant à plaquer des modèles préétablis sur des faits qui n'en peuvent mais. La bonne sociologie – pour rester dans ce langage étrange – doit valoir au-delà de son propre matériau.

La sociologie met en lumière des mécanismes sociaux qui ne sont pas tous dans l'action et sa subjectivité mais qui en sont les conséquences indépendantes de la conscience des acteurs. Pour utiliser un vocabulaire simple, on passe du côté du système social. Ce sont généralement les modèles statistiques qui sont les plus efficaces pour mettre en lumière des relations du type si A, alors B a tant de chances de se produire. Je me suis récemment engagé dans ce type de méthode pour comparer les systèmes scolaires de divers pays et essayer de mettre en évidence quelques relations stables qui ne sont pas directement causales mais qui nous apprennent beaucoup. Par exemple, on peut montrer que, plus les inégalités scolaires sont fortes, plus elles tendent à se reproduire entre les générations et moins il y a de mobilité sociale (Dubet, Duru-Bellat, Vérétout, 2010). Ce mécanisme peut sembler banal mais il l'est beaucoup moins que nous pourrions le penser quand beaucoup affirment que la sélection précoce des élèves est plus favorable aux enfants les plus méritants des catégories populaires. La sociologie a mis en évidence des multitudes de mécanismes de ce type, qu'il s'agisse de la formation des inégalités, des facteurs de la délinquance ou du suicide, ou bien des capacités de produire une action collective organisée.

Pour rester dans l'épure de la question, la bonne sociologie, voire la très bonne sociologie, est celle qui parvient à mettre en regard, sinon à intégrer complètement, les formes et les structures de l'action individuelle avec les mécanismes plus objectifs, a priori indépendants des intentions et des buts poursuivis pas les individus. Deux chemins sont alors possibles, soit on va des systèmes de signification vers les mécanismes objectifs, soit, à l'opposé, on montre comment les mécanismes objectifs encadrent plus ou moins les systèmes d'action. En tout cas, la bonne sociologie est celle qui nous parle, *à la fois*, des acteurs et de la société, ou pour reprendre le mot de C. Wright Mill (1963), celle qui met en relation les épreuves individuelles – subjectives – et les enjeux collectifs – objectifs. Comment analyser l'expérience de travail des ouvriers comme étant produite par l'organisation du travail et, au-delà, par le capitalisme ; mais aussi, comment analyser l'organisation du travail et au-delà la régulation du capitalisme, comme résultant pour une part de la conscience et de l'action ouvrières ? Il y a peu de chances que les deux raisonnements s'emboîtent totalement, mais il faut avoir l'ambition de les conduire simultanément et de les croiser.

Problèmes sociaux et sociologie

À mes yeux, une des qualités de la sociologie est d'être capable de lier l'intérêt pour les problèmes sociaux et l'intérêt pour la sociologie elle-même en tant que discipline rigoureuse. Si le sociologue part d'un problème social tel qu'il est défini par les acteurs de ce problèmes, les individus placés au centre de ce problème, les travailleurs sociaux, les militants, les élus…, il aura sans doute le sentiment d'être utile, mais il y a peu de chances que sa sociologie échappe aux perceptions et aux intérêts des acteurs de ce problème. S'il accepte comme allant de soi les définitions de l'alcoolisme, de la délinquance, de la pauvreté et de l'échec scolaire construites par les institutions tenues d'agir sur ces problèmes, il y a peu de chances que le chercheur produise des connaissances pertinentes. S'il adopte le point de vue de celui qui boit trop, de celui qui est tenu pour un délinquant, pour un pauvre ou pour un élève en échec, il est possible qu'il dise des choses plus originales et souvent plus sympathiques, mais il est peu probable qu'il en fasse un problème sociologique pertinent.

Pourtant, la sociologie doit rester liée aux problèmes sociaux. Elle doit s'intéresser à ce qui fait mal aux sociétés et à ce qui les intéresse ou à ce qui les dérange et qu'elles ne veulent pas voir. Il n'y a aucune supériorité à s'intéresser à ce qui va mal plutôt qu'à ce qui va bien, mais la sociologie est utile quand elle considère que la distance entre les idéologies et les faits, entre les intentions et les pratiques, entre la lumière et l'ombre, est une manière d'entrer dans la vie sociale et d'en dévoiler le décor. À mes yeux, tout l'art de la bonne sociologie est de transformer des problèmes sociaux en problèmes sociologiques et de démontrer ainsi que les problèmes sociologiques ne sont pas inutiles et ne surgissent pas du néant ou des préoccupations académiques de savants si purs et détachés que le bruit et la fureur de la vie sociale les dérangent en mettant du désordre dans la beauté de leurs raisonnements. Or, c'est par le biais des problèmes sociaux que la sociologie entre dans les débats et qu'elle démontre son utilité et que, dans une certaine mesure, elle s'assure de sa pertinence et de sa vraisemblance.

On devrait cependant se méfier d'une dérive poussant la sociologie à s'organiser à partir d'une juxtaposition de « populations / problèmes » décomposant les questions sociales en un certain nombre de groupes cibles de plus en plus serrés : les jeunes, les jeunes sans emploi, les jeunes sans emploi issus des minorités, les jeunes sans emploi issus de telle minorité, les jeunes filles sans emploi issues de cette minorité... et la liste est infinie. Le chercheur est alors l'hyper-spécialiste, parfois le seul, et l'avocat de « son » groupe et de « son » problème social. Cela renvoie à une logique de spécialisation, mais aussi à une représentation générale des problèmes sociaux conçus comme une succession de problèmes singuliers de minorités elles aussi singulières. En ce sens, la logique des *studies* de plus en plus étroites et spécialisées participe du reflux de l'idée même de société. Chacun devenant l'expert d'une « espèce zoologique », cette accumulation de « populations / problèmes » nous fait perdre de vue « l'écosystème » global de la vie sociale, de la même manière que l'obsession de chaque maladie peut faire oublier les problèmes de la santé elle-même. La manière dont sont organisés les départements de sociologie de nombreuses universités anglo-saxonnes laisse penser que cette crainte n'est pas un fantasme.

CHAPITRE 4

LA SOCIOLOGIE ENTRE FONCTION CRITIQUE ET RÉCUPÉRATION

• *Au-delà des quelques sociologues critiques reconnus, la plupart des diplômés en sociologie seraient-ils de simples rouages du système ?* • *Le sociologue et l'ordre social* • *La place du sociologue dans la cité*

Cette question évoque le climat idéologique et politique des années soixante-dix, quand il semblait à beaucoup que nous n'avions le choix qu'entre la collaboration avec le « système » ou la rupture, quand il fallait « choisir son camp »… Une préoccupation d'autant plus paradoxale que, durant ces années-là, la sociologie est absente, réprimée ou tenue en main dans les pays autoritaires ; interdite dans certains cas, réduite à la combinaison de quelques techniques et de la langue de bois officielle dans d'autres cas. Cela s'inscrivait dans un imaginaire social concevant la société comme un système de domination totale, absolue, dont il n'était possible de sortir que par la révolution, qu'il s'agisse du grand soir, des guerres de libération, des guérillas, des révolutions culturelles, de la dissidence ou de la somme des révolutions minuscules détruisant « par le bas » l'ordre établi…. Dans cette dramaturgie, les sciences sociales devaient mettre en lumière les mille ruses de la domination, souligner les illusions réformistes des mouvements sociaux et des partis politiques qui ne seraient qu'autant de manières de prolonger la vie d'un système insupportable et condamné. Dès lors, le sociologue salarié d'une organisation ou d'une administration, le plus souvent celui qui était engagé dans le travail social, les politiques urbaines, les politiques de la jeunesse et de la prévention de la délinquance…, était soupçonné de participer au système s'il ne démontrait pas que les politiques de l'État-providence et les institutions n'étaient que les relais à peine dissimulés de la domination et de l'aliénation. Comme ces emplois étaient fréquemment occupés par de jeunes sociologues débutants, ceux-ci pouvaient être conduits à développer une rhétorique d'autant plus radicale qu'il leur fallait montrer qu'ils ne collaboraient pas.

Longtemps, les travailleurs sociaux, par exemple, ont adhéré avec enthousiasme aux théories sociologiques les plus critiques, celles qui leur expliquaient qu'ils étaient fatalement des sortes de « flics » au service du capitalisme. Ce qu'ils ne croyaient pas vraiment ; autrement ils seraient directement entrés dans la police.

L'adhésion à cette vision critique était aussi une manière indirecte de souligner le rôle essentiel de la sociologie. Avec la « lutte des classes dans la théorie », la sociologie se hissait très haut dans l'ordre de la connaissance ; elle pouvait maintenir le monde tel qu'il est ou elle pouvait le changer totalement et ce n'était évidemment pas rien que de la croire si puissante. La ligne de partage entre la collaboration et la rupture semble beaucoup moins claire aujourd'hui car notre drame politique est probablement moins celui de savoir comment sortir du système, que celui de savoir comment le maîtriser et le réformer. Au fond, nous pouvions d'autant plus en appeler à la rupture que le réformisme et la social-démocratie offraient un horizon politique possible. Aujourd'hui, c'est cet horizon-là qui est en crise partout dans le monde.

Les temps ont bien changé ; aujourd'hui on défend, plus justement, le travail social comme un « acquis », une manière d'adoucir le sort des plus défavorisés et beaucoup moins souvent comme une ruse de la domination. Ceux qui ont commencé dans la critique du travail social en sont devenu les plus farouches avocats. De la même manière, nombre des anciens pourfendeurs de « l'école bourgeoise » se sont transformés en défenseurs obstinés de « l'école républicaine » menacée par la « marchandisation » de l'éducation et par le « pédagogisme » ; les vices de l'école bourgeoise sont devenus les vertus de l'école de la République. De manière générale, la société industrielle des années soixante et soixante-dix s'est progressivement transformée en une nouvelle belle époque, celle du temps béni du « contrat social fordien » et de « l'ascenseur social », alors qu'elle était le visage exacerbé de l'exploitation et des perversités de la société de consommation.

Le retour de l'acteur

1981 marque une double rupture : le mouvement Solidarnosc brise les dernières illusions des derniers communistes et annonce le début de la fin ; la victoire de la gauche française démontre en quelques mois qu'un changement de majorité politique, aussi important soit-il, ne provoque aucun changement de régime et aucun changement de société. En France, dès les années quatre-vingt, le style intellectuel de la sociologie se transforme profondément.

Le titre d'un livre d'A. Touraine, *Le Retour de l'acteur* (1984), en est l'expression la plus synthétique. Après avoir souligné l'emboîtement total des acteurs dans les lois du système, les sociologies s'attachent à mettre en lumière la part de liberté, d'initiative et de critique nichée au sein même de l'action sociale. La pensée de Foucault elle-même a connu cette inflexion entre *Surveiller et Punir* (1975) et *Le Gouvernement de soi et des autres* (2008). Longtemps peu lu en France, Simmel est redécouvert par beaucoup à travers l'École de Chicago et l'interactionnisme. On lit plus *La Mise en scène de la vie quotidienne* (1973) qu'*Asiles* (1979) et les sociologues français découvrent E. Goffman pour montrer que les acteurs agissent, manipulent leurs faces et leurs identités, la vie sociale se présentant comme une *commedia dell'arte* en train de s'écrire parce que les personnages y sont en quête de face, d'identités et d'assurances, et non comme un roman construit comme un destin implacable puisqu'il n'y a plus d'auteur – le système social. Les ethnométhodologues poussent le raisonnement un cran plus loin : l'idée même de système social n'a pas de contenu ; elle n'est qu'une manière « indigène » parmi d'autres d'expliquer la vie sociale (Garfinkel, 2007). La sociologie du choix rationnel ou, plus précisément du choix rationnel limité, n'est plus totalement rejetée comme un surgeon du « libéralisme américain ». Les raisonnements sociaux des individus ne sont plus seulement tenus pour des idéologies, mais pour des systèmes de justification et d'argumentation crédibles (Boltanski, Thévenot, 1991 ; Boudon, 1986). Les sociologues s'intéressent à l'expérience sociale la plus individuelle sans être taxés de « psychologisme ». Le plus grand succès éditorial de la période, *La Misère du monde* (1993) présente des entretiens et des témoignages « bruts », méthode que les auteurs du *Métier de sociologue* (1968) auraient condamnée sans appel quelques années auparavant. Ce virage vers l'acteur n'efface évidemment pas le thème de la domination sociale, mais il implique que cette domination ne soit pas totale, que les acteurs fassent quelque chose et donc, qu'il existe des espaces d'action, de prise de conscience… qui atténuent progressivement l'image de la lutte frontale de la collaboration et de la rupture.

Alors la place du sociologue, ou la représentation que l'on en a, devient un peu plus subtile. Le sociologue est *dans* la société, ni à côté ni au-dessus, il n'est ni le diable ni le bon dieu, ni dans la collaboration servile ni dans la rupture héroïque. La sociologie met en évidence des inégalités cachées, des blocages, des injustices flagrantes, des scandales parfois, mais en expliquant comment tout ceci fonctionne et se produit, parfois avec la « complicité » des victimes, en mettant en évidence des mécanismes et des processus ; elle appelle, qu'elle le veuille ou non, des plans d'action, des perspectives pratiques et des ajustements dont il est bien clair qu'ils « collaborent » plus ou moins au système en même temps qu'ils le critiquent. Qui, après avoir étudié l'école ou les quartiers populaires, oserait dire, il n'y a rien à faire pour rendre l'école moins inégalitaire et les quartiers plus vivables, sinon attendre que survienne une révolution si radicale qu'elle annulera les problèmes eux-mêmes ? Qui oserait dire, à l'opposé, que tout va pour le mieux dans le meilleur des mondes ? Qui oserait dire que les acteurs n'ont aucune capacité d'agir tant qu'ils ne ressemblent pas au mouvement ouvrier supposé tout puissant de la société industrielle ? Les sociologues sont comme tout le monde : ils dénoncent la société de consommation mais ils achètent des voitures, ils dénoncent les industries culturelles mais ils regardent la télévision et ne sont pas toujours fâchés d'y paraître pour y dire ce qui leur semble être vrai. Et bien malin qui possède la balance traçant la barrière entre ceux qui servent le système et ceux qui le contestent.

La ligne de partage entre les serviteurs et les adversaires de l'ordre social est d'autant plus incertaine que la critique est largement avalée par le système. Comment ne pas voir que les intellectuels les plus critiques sont aussi les plus populaires ? Comment ne pas voir que la télévision adore les intellectuels et parmi eux quelques sociologues qui dénoncent la manipulation médiatique ? Tenir des propos raisonnables et mesurés n'est pas le plus sûr moyen d'être entendu par un large public. En revanche, dénoncer sans nuance la fin de la civilisation, la marchandisation du monde, le scandale des inégalités, la culture de masse, l'ère du vide, le culte de l'image et de la « com », la déshumanisation du monde devant le règne de la technique et de la finance internationale, est le moyen le plus sûr d'être reconnu par le système que l'on dénonce. Les sociologues et les intellectuels sont parfois comme les groupes de rap et de rock : ils sont révoltés et veulent dire que le monde est insupportable tout en n'ignorant pas que ce « message » est un assez bon moyen d'être reconnu en ayant le bénéfice secondaire de se démarquer du style « show bizz » qui envahit les médias et le monde politique.

Une « récupération » limitée

Il ne me semble pas forcément mauvais que les travaux des sociologues soient connus et « récupérés » par le système. D'abord ils sont récupérés par des acteurs eux-mêmes en conflit qui se servent des thèses des sociologues en y puisant un stock d'idées, de représentations et d'arguments. Qu'on me permette ici d'évoquer mes propres recherches sur l'éducation. J'avais essayé de montrer que le déclin de la forme pédagogique traditionnelle engendré par la massification scolaire, par le poids de l'instrumentalisme lié à l'utilité des diplômes et par l'affaiblissement de la légitimité culturelle de l'école provoqué par la concurrence de la culture de masse, avaient rendu le métier d'enseignant bien plus exigeant et difficile qu'autrefois (Dubet, 2002). Ces thèses ont eu un certain écho auprès des organisations syndicales qui y voyaient légitimement des arguments forts en faveur des revendications relatives à la dureté du travail des enseignants. En revanche, quand j'essayai de montrer que le système fonctionnait à l'humiliation des élèves rarement à la hauteur des attentes des maîtres (Dubet, 1991), personne, à l'exception de mouvements pédagogiques relativement marginaux mais fort utiles, ne s'en est fait l'écho, et surtout pas les syndicats. Quant au ministère, il est fatalement plus sensible à la description des obstacles et des « résistances » aux réformes qu'il ne l'est aux sentiments des élèves et des professeurs. Il faudrait beaucoup de vanité pour s'imaginer que la force des analyses est telle que les groupes et les individus ne peuvent pas les plier à leurs passions et à leurs intérêts. Des analyses sociologiques bien plus populaires et probablement bien plus solides que les miennes n'échappent pas à cette règle selon laquelle la sociologie est dans la société et se trouve avalée par elle. Quand R. Boudon (1973) dénonçait le risque d'inflation des diplômes au milieu des années soixante-dix, il ravissait les conservateurs de toujours qui n'ont jamais accepté l'ouverture de l'école à d'autres qu'à ceux que la naissance ou le talent exceptionnel destinait aux études. Aujourd'hui, le même thème est plutôt passé à gauche en dénonçant les promesses illusoires que l'école adresse aux moins favorisés (Beaud, 2002). Autrement dit, c'est moins la sociologie qui est au service du pouvoir et de sa critique que la façon dont les acteurs sociaux s'en saisissent.

Il faut dire aussi que la sociologie est souvent irrécupérable. Il y a peu de chances que la dénonciation des mécanismes les plus lourds de la formation et de la reproduction des inégalités sociales soit « récupérée » par le « système ». Il est peu vraisemblable que la dénonciation des effets pervers de l'organisation du travail provoque de sensibles transformations des styles de management et des relations d'autorité dans le travail. Il y a peu de chances que l'analyse critique des modes de consommation affecte rapidement les stratégies des entreprises et des consommateurs. On ne peut pas dire que les mille recherches, y compris les miennes (Dubet, 1987 ; Dubet, Lapeyronnie, 1992), qui ont mis en évidence la formation des « ghettos » urbains aient pesé bien lourd dans la construction des politiques sociales et des politiques pénales. Pour le dire simplement, il y a des noyaux durs de la domination sociale qui sont autant de clés de voûte d'un système sur lesquels la sociologie dit des choses sensées et vraies sans que celles-ci soient « récupérables », sinon à la marge. Cela ne tient pas seulement à la « méchanceté » ou à l'avidité des dominants, mais plus profondément sans doute au fait que chacun de nous participe peu ou prou à la domination qu'il dénonce par ailleurs.

Pourtant, la sociologie n'est pas inutile. Mais elle n'est pas un geste héroïque intervenant du dehors de la vie sociale, elle est dans la société et dans les interstices de la vie sociale. Dans la mesure où elle apporte un peu de lucidité et d'intelligence, il serait bon qu'elle soit plus enseignée à l'école, mais aussi aux médecins, aux magistrats, aux dirigeants, aux militants et à tous ceux qui « fabriquent », souvent sans le savoir, la société dans laquelle nous vivons. De même que l'on ne peut pas vivre sans mémoire et sans histoire, on ne peut pas vivre bien sans avoir une connaissance élémentaire des processus sociologiques qui nous déterminent et que, en même temps, chacun de nos actes contribue à construire.

Chapitre 5

La sociologie est-elle nécessairement critique ?

• *La critique consubstantielle à la démarche sociologique* • *Limites et apories de la critique* • *De la critique bien comprise : positionnements, posture* • *L'éthique de la responsabilité et l'engagement*

Je ne comprends pas très bien cette position. Il me semble que la sociologie, ou la plupart des sociologies, est « naturellement » critique. Elle est critique quand elle met à distance les manières spontanées d'interpréter la vie sociale, quand elle montre qu'il y a loin des principes affichés aux pratiques. Elle est critique quand elle montre que les conduites délinquantes sont produites par des contextes et par des « forces » sociales bien plus que par le caractère « pervers » de leurs auteurs. Mais elle est aussi critique quand elle montre que ces mêmes conduites, socialement produites, n'annulent totalement ni la liberté ni la rationalité de leurs auteurs. Elle est critique quand elle montre que le contrôle social « fabrique » le délinquant, mais elle est aussi critique quand elle montre que le délinquant n'est pas simplement une victime passive. Tout cela est une manière un peu alambiquée de dire que la sociologie est critique dès qu'elle démonte les idées reçues, les flots de bons sentiments et de moins bons sentiments qui nous permettent d'appréhender le social, quand elle révèle que la vie sociale est relativement consistante en dépit des intentions affichées et des interprétations que nous avons naturellement de notre vie commune. Cette critique-là n'oppose pas seulement la connaissance « savante » à la connaissance « vulgaire », elle souligne que les points de vue qui commandent les représentations de la vie sociale ne sont que des points de vue tenant aux positions sociales occupées, aux intérêts et aux cultures en jeu. La sociologie est critique parce qu'elle ne fait jamais plaisir à tout le monde, ou alors, c'est inquiétant.

La sociologie est aussi critique parce qu'elle dévoile des morceaux de la vie sociale que l'on cache dans les coins un peu sombres de la scène. Il ne s'agit pas seulement des aspects les cruels et les plus scandaleux : les prisons, les hospices, la grande pauvreté, les violences privées, la souffrance au travail... Elle révèle aussi la vie si normale et si routinière qu'on ne la voit plus ou qu'on ne la voit qu'à travers son emballage et les justifications que l'on en donne. La sociologie est critique quand elle met à nu le travail réel des sociétés. Les descriptions et les analyses les plus précises, les plus distanciées, les plus amusées parfois, d'un service hospitalier, d'une salle de classe, d'un atelier ou d'un laboratoire de recherche, ont une force critique bien supérieure aux brûlots les plus indignés. Il suffit d'être l'ethnologue de sa propre société, de s'efforcer de la regarder comme si elle ne nous était pas familière, pour développer, sans même le vouloir, un point de vue critique. La vie « réelle » du service hospitalier n'est pas celle qu'il affiche ni même celle qu'il croit avoir : en fait, on y bricole bien plus que l'on y applique des règles scientifiques et c'est souvent plus efficace. La vie réelle de la classe est au plus loin de ce qu'elle imagine être : souvent, le maître consacre beaucoup plus de temps à maintenir le calme qu'à transmettre des connaissances, il ne s'adresse pas à tous les élèves avec la même intensité et de la même manière alors que son éthique supposerait qu'il s'intéresse à tous. Le travail des ouvriers n'est pas celui que l'on imagine ; ils en font bien plus et ils en font bien moins que ce qui est attendu d'eux, ils se « débrouillent » et ils « résistent ». Quant à la vie des laboratoires, elle est bien différente de l'image qu'en donnent les manuels et les articles scientifiques : ni les passions, ni les conflits, ni les compromis n'en sont absents. C'est d'ailleurs ce rapport ironique au monde social qui explique pour une part le succès d'un sociologue comme E. Goffman quand les grands points de vue critiques des années soixante-dix déclinent. Un peu à la manière des moralistes français du siècle classique, la sociologie fait tomber le masque : comment sauver sa « face » en préservant celles des autres, comment masquer le pouvoir afin qu'autrui ne puisse s'y opposer, comment se montrer tel que l'on veut être vu ?

Le style critique

Les sociologues et, plus largement, les intellectuels qui se définissent eux-mêmes comme critiques n'accepteront pas l'affirmation selon laquelle la critique est consubstantielle à la démarche sociologique elle-même. Pour eux, on est critique quand on affirme un point de vue critique, une indignation et un point de vue moral et / ou social à partir desquels le monde est décrit, analysé et condamné. La force de cette position, c'est qu'elle oblige le sociologue à dire quels sont ses postulats de départ, quels sont les focales normatives qui orientent son regard, ses questions, ses méthodes et ses conclusions. Ainsi, la grande tradition critique de l'École de Francfort à été construite sur plusieurs postulats critiques : critique du capitalisme et surtout de la rationalisation instrumentale du monde, empruntant, chez T. Adorno, à Marx et à Weber ; critique au nom d'un idéal démocratique de communication « pure » avec J. Habermas, critique au nom de l'exigence de reconnaissance des individus avec A. Honneth (2006). Évidemment, bien d'autres points de vue critiques sont possibles. Rappelons que la critique n'est pas forcément de gauche : depuis la Révolution française, il existe toute une tradition critique réactionnaire, comme il existe une tradition critique libérale qui a eu une influence considérable aux États-Unis. La France des années soixante-dix a connu une forte tradition critique qu'on pourrait qualifier de « léniniste », affirmant la congruence supposée de la connaissance scientifique des « lois » de l'histoire avec les intérêts du prolétariat. On peut aussi parler d'une tradition critique nietzschéenne démasquant les milles ruses du pouvoir et finissant par identifier le social lui-même avec la domination.

Aujourd'hui, il me semble que les styles critiques dominants sont très largement inspirés par cette dernière perspective et conçoivent la critique comme un travail continu de déconstruction du social. On déconstruit la sociologie, l'histoire ou la critique littéraire en partant d'un point de vue nettement affirmé : celui de la domination des femmes, celui de la domination des anciens colonisés, celui de la domination des minorités sexuelles, celui de l'hégémonie des cultures « cultivées » légitimes, ou celui de l'hégémonie des industries culturelles… La liste est infinie et les équipes vouées à ces diverses « studies » se multiplient en France après avoir restructuré les départements de sciences sociales des universités américaines. Il s'agit de montrer que la domination sociale se déploie d'abord dans les catégories sociales elles-mêmes, dans le langage dont on postule qu'il possède un pouvoir performatif si puissant qu'il construit ce que l'on perçoit comme la réalité et l'évidence d'un monde social qui n'est qu'un effet de la domination. Ainsi, la critique se déploie à l'infini puisque chaque construction peut être déconstruite, ce qui engendre une nouvelle déconstruction qui peut être déconstruite à son tour. Par exemple, tout un courant féministe refuse la naturalisation du genre dans le sexe, puis, avec la critique « queer », rejette les catégories du genre elles-mêmes… jusqu'à la prochaine critique de la critique. Quand il n'y a pas de « faits », le mouvement de la critique ne peut s'interrompre.

La force des théories critiques explicites et se donnant comme telles, c'est qu'elles n'avancent pas masquées. D'une part, elles s'obligent à dire « d'où elles parlent », du point de vue normatif et du point de vue des acteurs sociaux dont elles prennent la défense alors que ces prémisses sont le plus souvent cachées, inconnues parce qu'allant de soi dans la science sociale « normale ». Après, tout dépend de la valeur scientifique des travaux entrepris, comme pour la science « normale » : de Marx à M. Foucault, on ne saurait réduire les perspectives critiques à la seule force de conviction des postulats normatifs qui les inspirent. Et cela d'autant plus que la critique du point de vue critique se place dans un cercle de justifications qui la conduit, elle aussi, à expliciter ses prémisses. Le développement d'un circuit critique, la double appropriation de la science « normale » par la critique et de la critique par la science « normale », conduit à affirmer qu'il n'existe pas de muraille entre la science critique et la science « normale ». Et cela d'autant plus que les penseurs auto-définis comme critiques ou perçus comme tels ont les mêmes formations, les mêmes diplômes et occupent les mêmes positions institutionnelles que leurs collègues.

La pose critique

On comprendra sans doute que j'éprouve un peu d'agacement face à la *pose* critique, quand elle est une manière d'impressionner en affirmant la supériorité d'un point de vue normatif, et une manière de se soustraire à la critique de la critique renvoyée dans le camp des alliés de l'ordre en place et de ses injustices. Ce n'est pas mon travail que l'on critique, c'est la cause que je défends, et comme cette cause est celle des dominés, la critique qui m'est faite est celle des dominants ; elle n'est ni fausse ni vraie, elle participe de l'injustice. Et puis je suis bien forcé d'observer que la pose critique n'est pas sans apporter quelques bénéfices institutionnels, éditoriaux et médiatiques non négligeables alors même que ces bénéfices sont dénoncés par la critique comme la manifestation de la vacuité et de la « récupération » de la critique. Au fond, on peut adresser à la pose critique les jugements que Pascal adressait aux « habiles et aux demi-habiles » si aptes à se mettre en cour en critiquant les mœurs de cour.

Plus sérieusement, il faut rappeler que la critique est totalement intégrée à la culture moderne et aux mouvements continus de la réflexivité qui se développent par le jeu des contre-pieds et des renversements critiques banalisés quand les avant-gardes n'affrontent plus le bloc de la culture hégémonique qui était censé tenir l'ordre social. Qui ignore aujourd'hui que la critique de la consommation de masse, de l'exploitation économique, de l'abrutissement médiatique et de toutes les formes de l'aliénation, de la domination masculine et de la mondialisation, irrigue les médias qui sont pourtant tenus pour les vecteurs de cette domination multiforme et sans visage ?

Mais ma résistance va au-delà de cet agacement à l'encontre des mœurs de ma « famille professionnelle », de ma « tribu » ou de ma « bande ». Il arrive trop souvent que le point de vue critique postule une aliénation universelle des acteurs sociaux et des individus. Dans des sociétés perçues comme de purs mécanismes de domination, comme des machines à développer des illusions et des idées fausses, les individus sont perçus comme des clones, des pions, des rouages, et pour tout dire comme des imbéciles souvent heureux de l'être. Ceux au nom desquels se développe la critique parce qu'ils sont victimes des plus grandes injustices, n'échappent pas à cette vision de l'aliénation généralisée : le consommateur satisfait est un robot, le travailleur aimant son travail aime son esclavage, le professeur qui transmet des savoirs, transmet le pouvoir, et que dire des individus heureux en amour ! Non seulement je ne parviens pas à accepter de voir mes semblables décrits de cette manière, mais je comprends encore moins comment, si le monde est tel que le décrit le postulat critique, la critique est possible. Si l'aliénation est générale, par quel mouvement de la volonté puis-je y échapper ? Soit la critique s'arrête au seuil de son auteur et elle est une prise de pouvoir symbolique, soit elle repose sur une posture aristocratique grâce à laquelle le clerc « sort du monde » pour le regarder de haut. Pour un sociologue c'est un peu gênant car la pensée sociologique est alors suspendue hors des contraintes sociales dès qu'il s'agit du travail du sociologue. Si l'hégémonie est aussi totale que l'affirme souvent le point de vue critique, par quel miracle le penseur critique peut-il s'en détacher ?

Je dois dire aussi que les grands noms des orientations critiques, à commencer par P. Bourdieu (1997) et par M. Foucault (1984) en France, se sont posé le problème de cette aporie. Ma résistance vise donc moins les « maîtres » dont les pensées ne se réduisent pas à la critique, que les idolâtres qui en font des machines de guerre et qui, ironie du sort, fondent leur propre travail sur des arguments d'autorité et des jeux de citations inépuisables. Comme quoi la pose critique ne protège pas toujours du désir de servitude et d'un goût immodéré pour la dévotion.

L'engagement

Je préfère la notion d'*engagement*, empruntée au Sartre de *Qu'est-ce que la littérature ?* (1951), à celle de critique. Dans le climat de la Libération, de la guerre froide et du début des guerres coloniales en Indochine et en Algérie, Sartre expliquait que toute littérature est engagée[3]. Elle est engagée, qu'elle le veuille ou non, qu'elle le décide ou non, dans la mesure où elle donne une image du monde et où elle agit sur lui. Même en refusant d'être explicitement enrôlée dans une cause, la littérature est dans la société de la même manière que l'électeur abstentionniste fait de la politique en ne votant pas. Je vois mal comment un sociologue pourrait refuser ce raisonnement dès lors qu'il postule que « tout est social », y compris la sociologie. Cet engagement exige deux opérations intellectuelles.

On retrouve là un des « topos » weberiens sur le rapport aux valeurs qui commande la construction des hypothèses sociologiques (Weber, 1965) et la première opération est un exercice de clarification des valeurs, des croyances, des idées, des convictions qui sont à l'origine d'une démarche sociologique.

---

3. Sartre lui-même a beaucoup trahi cette conception « nécessaire » de l'engagement.

Le plus souvent cela va sans dire, mais c'est mieux en le disant. Bien sûr, on est généralement pour le bien, contre le mal, pour la liberté et contre la tyrannie, pour la justice et contre l'injustice… On ne peut donc en rester à des déclarations de principes si générales qu'elles n'engagent guère. Je crois plutôt que l'engagement est une affaire d'arbitrage entre des principes normatifs contradictoires entre eux. Là, je suis plus du côté de Camus que de celui de Sartre. Nous savons bien que le choix de la stricte égalité menacerait la liberté, nous savons bien que le choix de la liberté appelle des limites et des régulations… Et nous savons bien que lorsque nous considérons des problèmes sociaux singuliers, les dilemmes de l'engagement sont extrêmement complexes. Comment concilier l'égalité des élèves avec la reconnaissance de leur mérite individuel ? Comment concilier la reconnaissance des différences culturelles avec le sentiment d'unité qui permet de vivre ensemble paisiblement ? Comment combiner la liberté des individus avec les devoirs de solidarité qui les attachent les uns avec les autres ? Comment combiner la réalisation de soi au travail et l'efficience économique ? Il me semble que l'engagement suppose que l'on réfléchisse à ces problèmes-là et que l'on soit en mesure de dire en quoi ils commandent une recherche. Bien que la recherche elle-même ne soit jamais la simple déclinaison de ces choix, il est bien clair qu'elle n'en est pas totalement indépendante. Alors que la critique se place parfois « hors du monde » en postulant un horizon où se dissoudraient les contradictions – l'abolition du capitalisme annulerait toutes les formes de la domination et installerait le règne de la liberté personnelle et de l'harmonie universelle – l'engagement exige que l'on accepte le caractère tragique des alternatives morales qui nous sont imposées. Pour le dire simplement, il est peu vraisemblable que l'on gagne jamais sur tous les tableaux. Il faut alors se colleter avec le « sale boulot » consistant à faire que la vie sociale soit moins injuste et moins insupportable.

Seconde opération, l'engagement ne se décline pas seulement en amont de la recherche, il se déploie aussi en aval dans l'anticipation de ses effets. Soit la sociologie se présente comme un cri de rage et d'indignation critique condamnant le monde tel qu'il est au nom d'un idéal suprême, soit elle part du postulat qu'elle pèse, même de manière minuscule, sur les capacités et les orientations de l'action. C'est ce que Weber appelait l'éthique de responsabilité et qui me semble être la seule éthique véritable, celle qui s'interroge sur les conséquences « réelles » d'une décision pour les politiques, d'une œuvre pour un artiste, et d'une connaissance pour les scientifiques. Sachant que pour la science, c'est la connaissance elle-même qui est l'éthique de conviction, l'engagement exige de se demander ce que la connaissance sociologique fait à la vie sociale.

Ce problème peut sembler bien abstrait dans la mesure où il est rare que la connaissance sociologique ait des effets immédiatement visibles sur la vie sociale. Mais, en revanche, la recherche engage immédiatement dans la mesure où, le plus souvent, elle est une relation entre le chercheur et ses objets qui sont aussi des acteurs sociaux et des individus.

Alors que la critique conduit souvent à postuler l'aveuglement des acteurs, l'engagement implique un lien de réciprocité dont le principe essentiel est de ne pas appliquer à autrui les modèles sociologiques que l'on ne s'appliquerait pas à soi-même. Cela signifie que les modes d'interprétation de l'action, des intentions et des mobiles que le chercheur attribue à ses « objets » soient aussi ceux qu'il s'attribuerait à lui-même. Rien n'est plus insupportable que les théories supposant que les acteurs sociaux sont des utilitaristes cyniques ou se mentant à eux-mêmes alors que le savant, lui, pense se dévouer à la science et à la vérité en raison d'un altruisme auto-proclamé. Rien de plus insupportable que les théories supposant que les individus sont totalement déterminés alors que le savant, lui, échapperait naturellement aux déterminations qui aveuglent tous les autres. Puisque le sociologue fait partie de « l'espèce » qu'il étudie, il doit adopter une théorie et une conception de la « nature humaine » qui lui conviennent à lui aussi. Par exemple, il ne me semble pas acceptable de dénoncer la croyance dans la liberté comme une illusion de l'internalité[4], alors que le dénonciateur ne manifeste jamais le moindre doute sur sa propre liberté, celle qui lui permet, justement, de dénoncer la naïveté, les illusions ou la mauvaise foi des autres. À la posture critique qui peut souvent se faire aristocratique et surplombante, l'engagement oppose la croyance dans une humanité commune entre le chercheur et ses objets qui ne sont ni plus stupides, ni plus aliénés, ni plus aveugles que lui.

Mais cela ne signifie pas qu'il n'y ait pas de distance entre le chercheur et ceux qu'il étudie. Si les sociologues ne disaient et ne pensaient que ce que disent et pensent les acteurs sociaux, ils seraient au mieux des témoins, au pire des chambres d'écho. Il existe nécessairement une distance entre les intentions des acteurs et les analyses qu'ils proposent de leur propre action, et celles que dégage le cher-

---

4. L'internalité est le processus psychologique et culturel par lequel un individu se perçoit comme le maître de ses actions et le responsable de ce qui lui arrive. Par exemple, si j'ai réussi c'est essentiellement grâce à moi, alors que si j'ai échoué, c'est aussi à cause de moi, je n'impute ce qui m'arrive ni aux autres ni à la société.

cheur qui possède plus d'informations, qui met à jour des mécanismes que les acteurs appréhendent mal ou plus faiblement, qui révèle des logiques de l'action et des relations que les acteurs ne perçoivent que du point de vue qui est le leur, qui s'oblige à une cohérence dont la vie sociale normale nous dispense généralement. Aussi, même si le sociologue manifeste la plus grande empathie avec ceux qu'il étudie, il est évident que son travail s'éloigne des analyses « indigènes ».

L'engagement suppose alors d'accepter ces décalages et ces malentendus. Ce qui n'est ni agréable ni commode. Ni les délinquants ni les policiers ne peuvent se retrouver pleinement dans les analyses sociologiques de la déviance et du contrôle social, pas plus que les professeurs et les élèves ne peuvent adhérer pleinement aux analyses sociologiques de l'expérience scolaire. Ce décalage, je l'ai très fortement éprouvé quand, avec A. Touraine, nous étudions les mouvements sociaux (Touraine *et al.,* 1978, 1980, 1981, 1982, 1984). Nous avions beaucoup de sympathie, voire d'enthousiasme, pour les nouveaux mouvements sociaux des années soixante-dix et pour les moins nouveaux, comme le mouvement ouvrier français. Mais nos analyses, issues de très longs et très nombreux entretiens avec les militants de ces mouvements, ne pouvaient coller avec les idéologies ou

les autoreprésentations de ces militants : les significations que nous donnions à leur action n'étaient pas
celles qu'ils lui donnaient eux-mêmes. Et c'est là le
propre de la sociologie. Alors l'engagement se définit
comme une tension, comme une espèce de malentendu irréductible, pénible et parfois douloureux. Un
sociologue critique aurait choisi d'adhérer à la cause
des militants pour peu qu'elle aille dans son sens,
il aurait peut-être choisi de la dénoncer pour peu
qu'elle n'y aille pas. L'engagement nous conduisait à
vivre dans un décalage continu.

En définitive, le sociologue est défini par un
double engagement. D'un côté, il est engagé dans
la société et plus particulièrement par les « causes »
et par un lien fort avec ceux qu'il étudie. Ce qui
suppose qu'il ne mette en œuvre que des modèles
qu'il s'appliquerait à lui-même. D'un autre côté, le
sociologue est engagé dans une activité des connaissances dont les règles et les contraintes l'éloignent
des univers de significations que les acteurs sociaux
se donnent à eux-mêmes. L'engagement, c'est la
capacité de supporter ce décalage et de le maîtriser
alors que la pose critique est une manière de l'abolir
puisque les acteurs sociaux sont aveugles et sourds.

Chapitre 6

La sociologie
de l'individu

- *La sociologie bascule-t-elle vers une forme de psychologie ?* • *La modernité est individualiste* • *Singularité et autonomie morale des individus* • *Les conditions sociales de l'expérience individuelle*

L'opposition entre l'individu et la société est un des poncifs dont il faudrait se défaire au plus vite. Non seulement il est aisé d'observer que les sociétés sont composées d'individus tous plus ou moins différents et singuliers, mais que ces individus ont tous été socialisés sans que l'on sache bien ce qu'ils pourraient être avant que d'être socialisés. Cette opposition a d'autant moins de sens que l'on admet généralement le raisonnement de L. Dumont (1983) opposant les sociétés holistes aux sociétés individualistes et affirmant que la modernité est individualiste. En fait, ce récit est aussi vieux que la sociologie elle-même et il lui est probablement antérieur si l'on considère que la philosophie des Lumières repose, elle aussi, sur une sociologie individualiste implicite, sans ignorer ni le christianisme, ni ce qu'il doit à Platon... Ce récit ne signifie pas qu'il n'y aurait pas d'individu dans les sociétés traditionnelles et holistes, mais il souligne que l'individu n'y est pas au centre de la représentation de la vie sociale parce que les espaces de choix y sont restreints et parce que les diverses sphères de la vie sociale y sont fortement encastrées ; l'État et la religion, la famille et l'économie... y sont peu séparés. En revanche, les sociétés individualistes ouvrent ces espaces en séparant la religion et l'État, le public et le privé, en développant le marché et, surtout, en considérant que l'individu est un accomplissement moral et une source de légitimité politique.

L'individu emboîté

De Tocqueville à nos jours, la plupart des sociologues pensent que la modernité est individualiste. Les individus ont de plus en plus de choix et de libertés et ils sont d'autant plus obligés d'être libres et d'être des individus que nous sommes de plus en plus égaux, affirmait Tocqueville. Durkheim pensait que l'individualisme découlait nécessairement de la division du travail ; Weber a placé l'individualisme éthique protestant à l'origine de la modernité, alors que Simmel associait l'individualisme à l'abstraction croissante de la culture et au caractère éphémère des échanges sociaux dans les sociétés urbaines... Pourtant, les pères fondateurs de la sociologie ont eu un rapport assez ambigu avec l'individualisme dont ils annonçaient le règne inévitable. Tocqueville voyait se dessiner le triomphe de la société de masse et les menaces d'une nouvelle tyrannie. Durkheim craignait que l'anomie et l'égoïsme détruisent la société elle-même. Weber pensait que l'extension de l'individualisme instrumental désenchantait le monde et que l'éthique protestante devenait un réflexe de type sportif. Simmel voyait se profiler une « tragédie de la culture » dans laquelle l'expérience individuelle et la vie collective se dissocieraient progressivement.

Face à ces menaces, toute une tradition sociologique a élaboré une conception de l'individu « emboîté » dans la société. L'individu est une production sociale, il est socialisé de façon à accomplir de manière libre et autonome ce que la société attend de lui. Au fond, l'individu est d'autant plus autonome et maître de lui qu'il est fortement socialisé, qu'il adhère à des principes universels, qu'il intériorise les normes sociales et qu'il peut ainsi s'orienter efficacement dans la société et se percevoir comme un individu, c'est-à-dire comme l'auteur de ses actions. Durkheim, Parsons, Elias et, dans une certaine mesure, Mead développent cette représentation de l'individu qui peut se percevoir comme un sujet parce qu'il est guidé de l'intérieur bien plus que par les attentes d'autrui. Il est un individu sûr de ses sentiments et de ses jugements, capable de réfléchir sur lui-même, capable de rendre des comptes à lui-même quand la culpabilité latente se substitue à la simple honte sociale.

Le risque de cette solution au problème de l'individualisme, c'est que l'individu apparaisse comme une illusion d'individu, tant il semble programmé pour accomplir ce qui est attendu de lui. C'est une position poussée à son terme par la sociologie critique et par M. Foucault qui finissent par affirmer que le sujet individuel est une sorte de fiction nécessaire, un fantôme par lequel transitent la domination et le pouvoir. Hyper-socialisé, l'individu ne pourrait émerger que dans les situations de crise, quand les codes intériorisés ne collent plus aux situations ; mais dans ce cas il risque d'apparaître vide et désarmé.

Mais on ne se débarrasse pas aussi facilement de l'individu, ne serait-ce que dans la mesure où chaque sociologue se perçoit volontiers lui-même comme un individu et se heurte au fait que la « fiction » de l'individu a la peau dure. Pour quelques sociologues, comme B. Lahire (2004) en France, l'individu existe parce qu'il est le produit de la singularité des processus de socialisation qui se cristallisent en lui. Nous sommes des individus parce que nous sommes singuliers, parce que chacun d'entre nous est le produit d'une histoire et d'une socialisation spécifiques. Derrière les moyennes statistiques et les causalités simples se cachent des distributions et des causalités complexes et on peut véritablement faire une sociologie des singularités individuelles en abandonnant le télescope au profit du microscope et en construisant une psychologie sociologique expliquant pourquoi chacun est devenu ce qu'il est, et pas autre chose. C'est là une manière de prolonger la sociologie classique, en tous cas la version de P. Bourdieu, en changeant de jeu d'échelle. On fait de la sociologie comme on fait de la micro-histoire tout en restant dans le modèle de l'emboîtement de l'individu dans la société.

Sortir de l'emboîtement

La sortie du modèle de l'individu emboîté se constitue de deux manières opposées. La première est le retour d'un utilitarisme élargi pour lequel la psychologie abstraite d'un sujet rationnel optimisant ses intérêts en fonction de ses ressources et de ses niveaux d'information place l'individu au centre du raisonnement sociologique. Si l'on admet que l'utilitarisme ne vise pas seulement les biens économiques, mais aussi le pouvoir, les biens symboliques et les biens proprement sociaux, comme les relations et le capital social, il s'agit là d'un élargissement du modèle économique classique, comme l'a défendu J. Coleman (1990) et, plus largement, toutes les théories du choix rationnel. On assiste d'ailleurs à une relecture d'Adam Smith démontrant que *La Théorie des sentiments moraux* est aussi fondamentale que la *Richesse des nations* dont elle serait le complément moral. Dans ce cas, l'individu est premier, mais il est une sorte d'être abstrait, de robot intelligent dont la psychologie cognitive essaie de percer les secrets. Aujourd'hui, on ne peut ignorer que cette famille théorique est une des plus influentes et des plus créatives, notamment parce qu'elle combine un niveau de généralité élevé avec la construction de modèles formalisés très élaborés. J. Elster (2007) développe avec brio ce type de raisonnement et quelques-uns des récents Prix Nobel d'économie ont d'ailleurs largement développé ce modèle au-delà du strict domaine de l'économie.

Mais il ne s'agit probablement pas de cet individualisme-là quand on se demande si la sociologie n'est pas une espèce particulière de psychologie. On pense sans doute aux sociologues français qui assument pleinement une position individualiste comme le font, par exemple, D. Martuccelli (2002) et F. de Singly (2005). Bien que leurs conceptions ne soient pas parfaitement identiques, ils partagent un certain nombre de positions que l'on peut résumer ainsi.

La première proposition est une défense résolue de l'individualisme contre la vieille méfiance dont il est l'objet. L'individu n'est pas seulement égoïste et utilitariste, il est aussi tenu pour un sujet moral capable de se maîtriser, de se lier aux autres et d'être altruiste. Quand les sociétés ne sont plus en mesure de définir un principe commun du bien par le biais de la religion ou des utopies politiques, la reconnaissance de la singularité et de l'autonomie morale des individus devient un « humanisme » et un idéal que l'on doit promouvoir en s'interrogeant sur les conditions de la constitution de l'individu.

Cette affirmation de principe est étayée par le fait que nous sortons de l'emboîtement absolu de l'individu dans la société et qu'aucun individu n'est ou ne devrait être réductible aux conditionnements sociaux. C'est, à la fois, une observation empirique et un cadre de recherche : il faut savoir comment les individus se forment quand décline le poids des institutions et du contrôle social traditionnels. Quand ce ne sont plus les structures qui commandent l'action, ce sont les individus et leurs relations qui « fabriquent » la société. Rien ne le montre mieux que le cas de la famille moderne qui repose sur l'économie des sentiments et des arrangements entre des individus qui veulent être « libres ensemble » (de Singly, 2000).

Troisième élément, les individus ne se construisent pas dans un vide social, mais à travers une série de relations, d'épreuves professionnelles, familiales, amoureuses… qui peuvent soit favoriser l'accomplissement individuel, soit le détruire (Martuccelli, 2006). Dans ce cas, la bonne société est celle qui construit des épreuves acceptables et qui permet aux individus de les franchir.

Ces trois postulats entraînent une pratique de la sociologie centrée sur la subjectivité et l'intimité des individus. Comment se forment les histoires d'amour ? Comment se réalise-t-on ou se détruit-on dans le travail ? Comment vivre en couple ? Comment élever les enfants ? Comment surmonter la maladie et comment se confronter à la mort ? Ce sont tous ces thèmes qui donnent à cette sociologie un air de famille avec la psychologie. Alors que la religion et la psychologie avaient ce rôle de « soin » et de guide moral, la sociologie s'en mêle en proposant une psychologie vraisemblable visant à aider les individus à surmonter les épreuves qui les constituent. La réflexivité sociologique est moins centrée sur la société comme totalité qu'elle n'est centrée sur les individus eux-mêmes dont la subjectivité est tenue pour une auto-construction sociale. Ainsi, le sociologue s'engage sur des problèmes où il était relativement silencieux : les sentiments amoureux, les relations entre les générations, la sexualité, l'adoption... J'observe d'ailleurs qu'un sociologue assez éloigné de ces sensibilités, comme A. Touraine (1992), aboutit à des conclusions voisines en affirmant que la réalisation du sujet individuel agissant au nom de ses droits et de son identité est, aujourd'hui, le moteur de la résistance aux forces communautaires et aux forces économiques qui décomposent la vie sociale, engendrent la violence et font exploser les inégalités.

Si l'on admet le postulat individualiste du point de vue épistémologique – les individus sont la réalité la plus évidente – et du point de vue normatif – l'accomplissement individuel est moralement un bien –, on doit se réjouir de cette inflexion de la sociologie. Alors que les sociologues étudiaient plus ou moins ironiquement les émissions intimistes de

Ménie Grégoire et de Françoise Dolto, ils y apparaissent progressivement ainsi que dans les magazines voués aux questions de l'amour, de la famille et de la beauté. Ils ne sont pas les seuls d'ailleurs quand on voit comment, aujourd'hui, quelques philosophes en vue rencontrent le succès grâce aux recettes de bonheur et de sagesse. Ce faisant, il n'est pas rare que le sociologue s'expose lui-même et de façon de plus en plus intime, ce qui est parfaitement cohérent avec la conviction selon laquelle toute la vie sociale se joue dans l'individu. Cependant, il ne faudrait pas, chemin faisant, que la société devienne un simple décor ; on aime d'autant plus Woody Allen que d'autres films sont des épopées sociales et des tragédies.

Individu et expérience sociale

Je me sens proche de ces sensibilités et notamment de l'attachement aux droits des individus à être des individus comme seul horizon moral et politique possible et possiblement universel. Ne pouvant plus définir la bonne société, on peut toujours essayer de penser ce que serait une société bonne pour les individus. Mais plutôt que de réfléchir sur les individus eux-mêmes, je préfère essayer de comprendre quelles sont les conditions sociales qui leur permettent de se former, d'agir et de se penser. Pour mener à bien cette tâche, le plus simple est d'aller voir d'abord là où ça ne se fait pas facilement.

C'est pour cette raison que j'ai étudié certaines expériences sociales, celles des jeunes de banlieue, celles des collégiens et des lycéens, ou encore celles des professionnels de l'éducation et de la santé, en essayant de décortiquer la manière dont ils construisent leur activité et dont ils vivent leur situation (Dubet, 1987, 1991, 2002 ; Dubet, Martuccelli, 1996). Plutôt que d'expliquer leur expérience sociale par le « fonctionnement et le dysfonctionnement » de la société et par l'ensemble des contraintes qui pèsent sur eux, je me suis intéressé à la manière dont ils perçoivent leur situation et aux explications qu'ils donnent eux-mêmes de leur action dans la mesure où, si l'on fait l'hypothèse que les individus existent, il faut bien admettre qu'ils sont bien plus que la somme de leurs conditionnements.

Dans un ouvrage de synthèse au style un peu plus théorique (Dubet, 1994), j'ai essayé de présenter un raisonnement plus ou moins stabilisé sur la notion d'expérience sociale. Pour le dire rapidement, du point de vue des individus, l'expérience sociale se présente à la fois comme un ensemble d'épreuves et de conditionnements et comme une obligation d'action et de subjectivité. Les individus sont « conditionnés », « déterminés », « contraints » par trois grands mécanismes. D'abord, ils ne choisissent ni leur identité, ni leur position sociale, celles-ci leurs sont données et, dans une large mesure, les individus travaillent à les défendre contre ce qui les menace. Ensuite, les acteurs agissent dans une multitude de marchés dont ils essaient de tirer des avantages, mais cette logique-là aussi est très fortement contrainte par la distribution inégale des ressources matérielles, sociales et symboliques. Enfin, les individus se pensent eux-mêmes à partir des représentations symboliques de leurs capacités d'être les sujets de leur propre vie, représentations qui leur sont données par la culture, l'art, la religion, les médias et tous les imaginaires de la réalisation et de la maîtrise de soi.

Dans le cas où ces divers mécanismes sont fortement encastrés les uns dans les autres, l'individu apparaît, à la manière de la sociologie classique, comme un personnage social dont la subjectivité et la personnalité sont fortement encadrées socialement. Mon hypothèse générale est que ce temps n'est plus et que les divers systèmes de contraintes et de conditionnements qui constituent les individus sont de plus en plus distincts, séparés les uns des autres. Les communautés et les marchés se séparent pendant que les imaginaires et les impératifs de la subjectivation croissent et se multiplient :

il faut réussir sa vie, avoir des projets, s'engager dans son travail et sa vie amoureuse, il faut se motiver mais il ne faut pas être dupe et, au bout du compte, il faut se percevoir comme l'auteur de sa vie et de soi-même. Il faut être un individu et un sujet. Et c'est parce qu'un système de cohérence globale se défait que nous sommes obligés d'agir et de construire notre propre expérience sociale. Alors que nous sommes totalement sociaux et, dans une grande mesure, totalement déterminés, l'hétérogénéité des mécanismes de détermination nous *oblige* à reconstruire, pour nous, notre propre expérience et notre subjectivité. L'expérience sociale est construite par la société comme une épreuve de formation de soi-même. Elle est totalement sociale et totalement individuelle.

Dans mes diverses recherches qui, il est vrai, ne portent pas sur les zones les plus faciles de la vie sociale, il m'est rapidement apparu, et ce n'était pas une surprise, que la distribution sociale des conditions de formation d'une expérience personnelle que l'on peut tenir pour « réussie » est particulièrement inégalitaire. Les formes de l'intégration sociale sont plus ou moins solides et légitimes, les ressources disponibles sont plus ou moins denses et efficaces et la distance à une représentation symbolique du sujet s'en trouve plus ou moins profonde. Ainsi la « galère » des jeunes de banlieue est d'abord vécue par eux comme une forme de destruction personnelle, comme une menace à laquelle ils répondent en durcissant les identités et en devenant « enragés » lors des émeutes et des révoltes urbaines. Ils se constituent en sujet « contre la société » ou bien ils s'en retirent dans la communauté, l'imaginaire religieux ou l'obsession de la réussite. Dans le monde beaucoup moins dur de l'école, les élèves sont aussi tenus de construire une expérience dont l'enjeu essentiel est de donner du sens à leurs études et, là encore, les inégalités pèsent lourdement entre ceux qui y parviennent et ceux qui « perdent » et vivent l'école comme une humiliation continue dont ils ne sortent que par l'amertume et le retrait. Quant aux professionnels de l'éducation, de la santé ou du travail social chargés d'agir sur autrui, ils sont eux aussi obligés de s'engager subjectivement dans une activité qui, selon les contextes et les conditions, les constitue ou les menace comme individus. Mon hypothèse générale est que le système symbolique qui tenait les institutions chargées d'agir sur autrui, qui cadrait les relations et fondait l'autorité, ce système ne tient plus (Dubet, 2002). Alors, l'expérience professionnelle bascule : la personnalité passe devant le rôle, il faut se motiver soi-même pour motiver les autres, il se crée une obligation d'engagement, une héroïsation du sujet qui parfois le révèle, parfois l'épuise comme le montrent les études sur la fatigue, le stress ou le *burn-out.*

Les conditions sociales de l'expérience individuelle

Par tempérament peut-être, pour des raisons de génération sans doute, j'éprouve parfois un certain malaise devant l'exposition publique de l'intimité. Un certain style de presse et les émissions de télévision qui s'y consacrent me gênent. Bien que j'approuve l'évolution de la sociologie vers une forme de « psychologie », je ne m'y sens pas très bien. Il m'arrive aussi de me demander si, en la matière, la sociologie en dit toujours plus que la psychologie, que le roman ou que le cinéma.

Pour peu que je me distingue de mes collègues « individualistes », c'est parce que je m'intéresse moins aux individus eux-mêmes qu'aux conditions de leur formation et de leur action. Dans ce cas, le fonctionnement des institutions, la domination sociale, les mécanismes de la représentation politique, les inégalités sociales, le frottement des cultures, les sentiments d'injustice… jouent un rôle décisif. Aujourd'hui, il me semble que nous sommes dans une tension ou une « contradiction » fondamentale. D'un côté l'obligation d'être le sujet de sa propre expérience ne cesse de s'accentuer. De l'autre, les conditions sociales et culturelles font qu'il est de plus en plus difficile de réaliser cet impératif dès que l'on sort du monde des classes moyennes supérieures et des vainqueurs des diverses compétitions qui commandent notre vie.

Face à cette épreuve, la pensée plutôt conservatrice, tant à droite qu'à gauche, dénonce l'individualisme comme une illusion et suggère de revenir aux ordres supposés stables et intégrateurs des temps anciens. Ce scénario ne me semble ni possible, ni désirable. En revanche, nous devons réfléchir sérieusement aux conditions de la formation des individus et des sujets. Paradoxalement, cela suppose de s'éloigner de l'individu et de revenir aux sociétés. Après avoir vécu le « retour de l'acteur », peut-être nous faut-il envisager le « retour des sociétés », non pas de *La Société* comme système organique, mais de la constitution de formes de vie sociale tout simplement vivables. Nous voyons bien que la formation même de l'individu est aujourd'hui menacée par des forces contradictoires : le marché, qui ne semble plus contrôlé par personne, comme l'a montré la crise de 2008 en plongeant brutalement des masses entières dans le vide et la pauvreté alors que se forment des fortunes considérables sur la seule spéculation ; les communautés religieuses et « raciales » se reconstituent, entrent en guerre entre elles et contre leurs propres individus, les populismes ont le vent en poupe partout et instaurent une sorte de fascisme soft, la pensée de gauche réformiste est mal en point… Bien sûr, des mouvements sociaux résistent à ces forces de décomposition, mais je suis convaincu que la sociologie a aussi un rôle à jouer en réfléchissant sur les conditions d'une reconstruction de la vie sociale. C'est d'ailleurs là sa vocation la plus ancienne et la plus fondamentale et je ne vois pas pourquoi elle y renoncerait. Elle doit faire ce travail au nom de l'individualisme même.

CHAPITRE 7

JUSTICE
ET INJUSTICE SOCIALES

• Il y a plus d'une raison de s'y intéresser… • L'injustice comme expérience première • La concurrence des principes de justice • Que serait une société juste ?

Bien que les raisons pour lesquelles on choisit de travailler sur tel ou tel sujet soient largement reconstruites a posteriori, il me semble que mon intérêt pour la justice sociale, ou plutôt l'injustice sociale, procède de préoccupations politiques. Il ne faut pas entendre politique dans un sens limité et partisan du terme. Comme la plupart d'entre nous, je vois bien que nous vivons dans des sociétés extrêmement « actives », emplies de conflits, de protestations, de luttes et de critiques, même si aucune de ces luttes ne prétend plus les fédérer toutes comme ce fut le cas avec le mouvement ouvrier dans la société industrielle. Je vois que les inégalités se transforment et se multiplient, bien plus qu'elles ne s'accroissent d'ailleurs. Je vois que nous vivons dans des sociétés pluriculturelles tendues entre l'individualisme et les tentations communautaires. En même temps, comme quiconque, je sais qu'il nous faut vivre ensemble dans une situation où cela est de moins en moins « naturel », à l'opposé de ce que l'on pensait possible au moment de la formation des États-nations modernes et démocratiques dont la sociologie classique avait, d'une certaine manière, fait la théorie ou la théologie. La construction de cet accord est un enjeu central aujourd'hui comme hier et peut-être plus encore aujourd'hui quand ce qu'on appelle la mondialisation emporte les anciennes formes de la société moderne européenne.

La construction de cet accord, de cette manière de vivre ensemble pacifiquement en dépit de la guerre des intérêts et des identités, passe par plusieurs voies. Pour la sensibilité philosophique que les Américains nomment communautarienne, le compromis politique et social suppose un accord sur les valeurs communes et une reconnaissance des identités culturelles afin de donner une consistance aux individus et une densité morale, une sorte de vertu, à la vie démocratique. Pour le dire trop simplement, les communautariens pensent en termes de « priorité du bien » quand le vieux consensus des sociétés nationales culturellement homogènes et socialement ordonnées n'est plus aussi efficace. D'autres, comme Habermas développent le thème du « patriotisme constitutionnel », image un peu « anglaise » dans laquelle les conflits et les désaccords peuvent être surmontés par une adhésion profondément démocratique aux mécanismes institutionnels eux-mêmes, par un accord sur les procédures, le droit et la capacité même de débattre raisonnablement. Dans une large mesure, c'est ici la politique qui tient la société. D'autres enfin, dans la filiation de Rawls affirment la « priorité du juste ». Ils s'inscrivent dans une tradition libérale utilitariste dérivée de Hume qui admet le caractère peu compatible des diverses définitions du bien et suppose qu'un contrat social latent doit être antérieur au jeu politique. Cette conception affirme qu'il est possible de s'accorder sur une algèbre des principes de justice dès lors que chacun ignorerait la position sociale que le hasard lui destinerait. Il est évident que ces trois questions se posent avec la même acuité et surtout que la priorité du juste n'épuise pas le problème des accords présidant à la compatibilité des cultures. Mais c'est de cette question que je suis parti, car on admettra facilement que les conceptions de la justice sociale ne jouent pas un rôle mineur et cela d'autant plus que nous savons que la perception des inégalités sociales n'est pas le reflet des inégalités réelles, c'est-à-dire des inégalités que l'on essaie de mesurer objectivement. Par exemple, les Américains sont moins nombreux à penser que les inégalités sociales sont trop grandes dans leur pays que ne le pensent les Français et les Suédois dont les sociétés sont presque deux fois moins inégalitaires que ne l'est la société américaine (Dubet, Duru-Bellat, Vérétout, 2010). Sauf à considérer que les Américains sont idiots et aliénés et que les Européens sont particulièrement éclairés ou râleurs, on doit bien penser que la conception de la justice et des injustices sociales n'est pas la même dans les deux mondes.

De manière plus directement politique et pratique, en 1999, j'ai été chargé par le ministère de l'éducation nationale de proposer une réforme des collèges (Dubet, 1999 ; Dubet, Duru-Bellat, 2000). Je reviendrai sur cette brève expérience. Qu'il me suffise de dire ici que j'avais choisi, pour de bonnes raisons sociologiques et largement contre l'air du temps, de défendre le principe du collège unique, c'est-à-dire la scolarisation commune jusqu'à 16 ans, contre les filières, les classes de niveaux et le sourd désir de se débarrasser des élèves jugés indignes du collège tel qu'il était défini. Cette défense et le plaidoyer pour ce qui deviendra le « socle commun de connaissances et de compétences » m'ont engagé dans des débats sur la justice scolaire et m'ont obligé à construire une argumentation en termes de justice sociale sur la place de la sélection, la nature de l'offre scolaire, la liberté laissée aux acteurs... afin d'essayer de montrer que le collège unique était la moins injuste des formules scolaires et, peut-être, la plus efficiente pour le système scolaire.

Des raisons sociologiques

Je me suis intéressé aux sentiments d'injustice quand j'ai « découvert » que les élèves étaient extrêmement soucieux de justice. D'une part, ils avaient une perception très précise des hiérarchies scolaires entre les filières et les établissements qu'ils vivaient souvent dans une échelle du mépris. D'autre part, ils ressentaient fortement les tensions entre la reconnaissance de leur mérite et de leur valeur scolaire, et un attachement à l'égalité fondé sur un fort sentiment de communauté juvénile. Ils attendaient de l'école et de leurs maîtres deux qualités a priori contradictoires : la sanction de mérites inégaux par nature et le maintien d'une égalité fondamentale de tous les élèves. Enfin, ils voulaient aussi que l'assurance de cette égalité n'affecte pas la reconnaissance de leur singularité et de leur personnalité, leur droit à être eux-mêmes. Tout ceci ne me semblait pas aussi banal qu'on pourrait le croire dans la mesure où il apparaissait ainsi que l'expérience scolaire avait une dimension normative, morale, voire politique ; les inégalités des apprentissages, des efforts et des réussites étaient immédiatement saisies dans un langage normatif et moral.

La sociologie des sentiments d'injustice est donc le versant moral, normatif ou éthique, peu importe comment on le nomme, de toute expérience sociale. En effet, il apparaît que si les individus ne sont généralement pas en mesure de dire ce que serait une société juste, sinon de manière extrêmement vague, ils sont en revanche parfaitement capables de dire ce qui leur semble injuste. En ce sens, l'expérience des injustices est première. On trouve d'ailleurs ce thème dans la littérature, chez J.-J. Rousseau et J. Genet par exemple, mais aussi en sociologie, dans un beau livre de B. Moore (1978). Non seulement chacun de nous est capable de dire ce qu'il trouve injuste, mais, plus encore, nous sommes tous capables de dire pourquoi ce que nous pensons être injuste est injuste. Pour peu qu'on nous le demande, nous sommes tous en mesure de dire au nom de quels principes de justice telle ou telle conduite et telle ou telle situation sont injustes. Quel que soit son capital culturel, chacun peut dire : « c'est injuste parce que…. ». Pour reprendre les catégories de

L. Boltanski et L. Thévenot ((1991), la montée en généralité et le renvoi à des cités de justice sont des activités normatives « naturelles » au sens où elles semblent être données à tous, y compris aux enfants si l'on en croit J. Piaget et L. Kholberg.

Cette observation est d'une très grande importance si l'on s'intéresse à la critique sociale. Plutôt que de choisir un point de vue critique surplombant, mieux vaut comprendre comment se construit la critique des acteurs sociaux. Si on se donne la peine de les interroger et de les écouter, on s'aperçoit aisément que les individus sont suffisamment critiques eux-mêmes pour qu'il ne soit pas nécessaire d'en rajouter : les ouvriers affectés aux travaux les plus pénibles et les plus mal payés savent qu'ils sont exploités, les femmes et les minorités savent qu'elles sont discriminées et, de manière générale, les individus ont mille raisons de se plaindre et de critiquer les injustices sociales. Et cela, quelle que soit la position qu'ils occupent. Mais plus encore, les gens ne font pas que se plaindre, ils savent aussi au nom de quels principes de justices, de quels idéaux et de quelles valeurs ils ont raison de se plaindre. Les critiques sont construites, élaborées, souvent sophistiquées, et chacun de nous se conduit comme un « philosophe » développant une théorie latente de la justice à partir de son expérience des injustices sociales. Il s'avère que les principes de justice mobilisés par les individus sont communs à tous et qu'ils s'imposent comme une sorte d'évidence partagée, comme des principes premiers. Cela ne signifie pas qu'il y ait un accord entre tous – nous avons des positions sociales et des intérêts différents – mais, en termes de critique des injustices, les acteurs utilisent le même vocabulaire et la même grammaire. S'ils ne font pas les mêmes phrases et ne disent pas les mêmes choses, ils utilisent le même langage.

Dans une étude empirique portant sur les sentiments d'injustice au travail, nous avons mis en évidence une syntaxe commune des sentiments d'injustice (Dubet, 2006). Quand ils critiquent les injustices subies, les travailleurs mobilisent trois principes de justice : l'égalité, le mérite et l'autonomie. Ils veulent être traités comme des égaux, ils veulent que leur mérite soit reconnu et ils réclament le droit de s'épanouir dans leur travail. Bien sûr, ces principes communs sont utilisés de manière très différente en fonction des expériences de travail, mais ce sont toujours les mêmes principes qui sont à l'œuvre dans une aire culturelle affirmant l'égalité fondamentale de tous en dépit des inégalités sociales, pensant profondément que le travail, l'effort et le talent de chacun doivent être récompensés, et dans laquelle on attend du travail qu'il soit le support d'une réalisation personnelle. Or le travail engendre des inégalités perçues comme excessives, chacun peut avoir le sentiment que son mérite n'est pas reconnu et chacun peut se sentir détruit par son travail, par la fatigue, la routine, le stress… Dès que nous décrivons ces expériences immédiates, nous entrons dans une activité critique fondée sur des principes de justice.

Tout l'intérêt de l'étude empirique des sentiments d'injustice vient du fait que si les individus raisonnent comme des philosophes, ils ne sont pas guidés par le souci de cohérence et de synthèse des philosophes. De leur point de vue, les principes de justice auxquels ils en appellent paraissent contradictoires entre eux. À terme, l'accomplissement total de l'égalité annule le mérite qui crée des inégalités et l'autonomie qui exacerbe les singularités. De la même manière, l'épanouissement du mérite abolit l'égalité et s'oppose à l'autonomie qui ne saurait se plier aux critères du mérite. Enfin, le règne de l'autonomie brise l'égalité et le mérite au nom de la pleine liberté. En se déployant sur plusieurs registres, la critique sociale ne se stabilise jamais et les individus sont emportés par une ronde critique inépuisable puisqu'ils doivent toujours combiner des principes opposés entre eux et puisqu'ils sont attachés à tous les principes de justice.

Ce que nous pourrions désigner comme la polyarchie des principes de justice qui est au cœur de la dynamique normative de l'expérience sociale a des effets pratiques non négligeables. D'abord, en dépit d'une syntaxe commune, les accords critiques sont assez difficiles à établir. Ensuite, cette polyarchie engendre une distance entre la critique et l'action. Expliquons-nous. La cause qui peut sembler juste du point de vue de l'égalité peut sembler injuste du point de vue du mérite et de l'autonomie. Par exemple, les travailleurs interrogés condamnent sans appel le chômage, mais cela ne signifie pas qu'ils aient toujours beaucoup d'indulgence à l'égard des chômeurs car, du point du vue du mérite, ils les soupçonnent souvent de ne pas faire les efforts attendus et, du point de vue de l'autonomie, ils les accusent parfois de se laisser aller à l'assistance. On peut se battre contre les injustices liées à l'absence de reconnaissance du mérite, mais dans ce cas l'absence de solidarité à l'égard de ceux qui sont perçus comme moins méritants sera manifeste. D'ailleurs, de manière générale, plus on croit dans le mérite, moins on pense que les inégalités sociales sont excessives (Dubet, Duru-Bellat, Vérétout, 2010). Il n'y a donc pas de principe de continuité de la critique à l'action collective, et cela d'autant plus que la mobilisation suppose que soient réalisées des conditions particulières, notamment des sentiments de solidarité et, surtout, l'identification d'un adversaire social contre lequel il est possible d'agir. Or, en éloignant les centres de décision économiques de l'organisation pratique du travail et en diluant l'exercice de l'autorité dans des formes de management subtiles et parfois perverses, le capitalisme contemporain exerce une domination qui semble être sans visages et sans acteurs : le patron n'est jamais là où on l'attend. Plus encore, aussi souvent qu'au patron, les travailleurs attribuent la cause des injustices subies à leurs collègues et à leurs clients ou à leurs usagers. Dans ce cas comment se mobiliser collectivement contre ses collègues, contre les clients, contre les élèves ou contre les malades dont on a la charge ? Mais rassurons-nous, si la distance est grande entre la critique et l'action, la vie sociale n'est pas seulement emplie de souffrances silencieuses, elle est aussi pleine de grèves, de crises, de protestations et de révoltes.

Une société juste ?

Après ces observations sur la polyarchie des principes de justice, on comprendra qu'il me semble illusoire de dire ce que serait une société juste sans risquer de mêler les bons sentiments à une certaine naïveté et sans faire un peu de pathos. S'il est si difficile de dire ce que serait une société juste, c'est parce que la justice consiste à combiner des principes de justice différents et souvent opposés mais dont chacun est aussi le complément nécessaire des autres ; par exemple le mérite suppose que nous soyons fondamentalement égaux et également libres. C'est pour cette raison qu'il me semble préférable de se poser la question de savoir quelles sont les inégalités acceptables ou tolérables sinon parfaitement justes, plutôt que de privilégier un seul principe de justice, quitte à ce qu'il reste éternellement dans le ciel des idées. Ce choix relève aussi de « l'éthique de responsabilité » et de l'engagement que j'évoquais précédemment. En effet, on ne peut pas faire comme si les réflexions sur la justice sociale ne concernaient pas des classes sociales, des groupes sociaux, des modèles politiques, tout ce qui fait que l'on doit tenir compte des conséquences et que l'on doit se placer dans un espace des possibles, bien que cela manque par trop de grandeur et d'élégance.

Dans un petit essai consacré à la justice scolaire dérivé de mon travail sur la réforme du collège (Dubet, 2004), j'ai essayé de définir ce que pourrait être une école juste « toutes choses égales par ailleurs », c'est-à-dire sans révolution sociale radicale préalable qui abolirait largement le problème posé. Je me suis placé a priori du point de vue de l'intérêt des élèves les plus faibles, sachant que cette faiblesse dépend largement des inégalités sociales antérieures à l'école. Mais comme nous savons que l'amplitude des inégalités scolaires n'est pas le reflet exact de l'amplitude des inégalités sociales, un espace d'action est possible. Je proposais donc de construire une scolarité commune et radicalement non sélective jusqu'au terme du collège et de définir les objectifs de cette scolarité en termes de culture commune affirmant explicitement ce que la société s'oblige à offrir à tous les élèves, quel que soit leur avenir scolaire ultérieur. Cela implique que le collège ne soit plus défini comme le premier cycle du lycée d'enseignement général, mais comme sa propre fin et que cette culture commune comprenne des éléments de culture professionnelle et technique afin que l'orientation vers les enseignements professionnels ne soit plus systématiquement perçue comme la sanction de l'échec. Il faut aussi s'assurer que l'offre scolaire soit de la même qualité dans tous les établissements, ce qui est loin d'être le cas aujourd'hui. Il est normal que le mérite – même si l'on peut avoir des doutes sur sa réalité et sa mesure – s'impose après l'école obligatoire, mais il n'est pas normal que la compétition soit, à la fois, cruelle et pipée. Je proposais donc d'améliorer considérablement la qualité de l'offre dans les filières dites faibles et d'atténuer l'emprise culturelle et sociale des filières d'élite dont le principal défaut est de commander la représentation des qualités et des vertus scolaires qui se trans-

forment en inégalités scolaires excessives et humi-
liantes. Je suggérais d'élargir la mobilité à l'intérieur
du système et surtout de construire une école plus
accueillante et plus soucieuse des individus qu'elle
ne l'est. Ces quelques propositions peuvent sembler
extrêmement timides. Mais quand on connait la
force des routines et des imaginaires professionnels
du monde scolaire, et surtout le poids des intérêts
sociaux qui se nouent autour de l'école, puisque
c'est là que se joue l'avenir de nos enfants, je puis
assurer que ces réflexions entraînent beaucoup plus
d'oppositions que d'adhésions.

Dans un autre petit essai, j'ai essayé de voir un
peu plus large en soulignant que la société française
passait d'une conception générale des inégalités à
une autre (Dubet, 2010). Durant une très longue
période, nous avons raisonné en termes d'égalité
des *places*. Il s'agissait de réduire les inégalités entre
les positions sociales, notamment entre les classes
sociales, grâce à l'action du mouvement ouvrier, à
la redistribution fiscale et à l'État-providence. Cette
conception de la justice semble s'épuiser : elle cris-
talliserait les corporatismes, elle serait aveugle aux
inégalités entre les sexes, les minorités et les majo-
rités culturelles, les générations, elle serait écono-
miquement de plus en plus lourde à maintenir.
Depuis quelques années en France, depuis bien plus

longtemps dans les pays anglo-saxons, s'impose le modèle de l'égalité des *chances*. Dans cette conception de la justice, les inégalités sociales sont d'abord définies en termes de discriminations, d'obstacles injustes opposés à la mobilité sociale de classes défavorisées et surtout des divers groupes sexuels et culturels discriminés. Dans ce cadre, on cherche moins à agir sur les inégalités des conditions de vie que sur l'équité de la compétition sociale pour accéder aux positions les plus favorables. En principe, ce modèle est peu contestable mais il peut avoir des conséquences injustes et imprévues : clivage accentué entre les vainqueurs et les vaincus, tropisme élitiste et blâme des victimes qui n'ont pas saisi leurs chances, réification des identités qui peuvent apporter des avantages différentiels, affaiblissement des catégories populaires vidées de leur élites et réduites à leurs « handicaps », concurrence des victimes et atomisation des inégalités... Mon essai conclut à la priorité de l'égalité des places, non pas pour défendre un modèle épuisé, mais pour le renouveler. Rappelons aussi que, dans les faits, c'est en visant la plus grande égalité des places que les sociétés assurent aussi la plus forte mobilité sociale et, donc, l'égalité des chances.

Ces deux essais sont des livres d'intervention essayant de participer de la *public sociology*. Ce sont des textes courts mais solidement informés qui s'efforcent de défendre une thèse sociologique et politique. Je ne peux dire qu'ils sont la stricte conséquence logique de recherches empiriques, mais ils en sont très fortement inspirés afin d'essayer de peser sur le débat public. Comme ils sont portés par un éditeur et une collection efficaces et reconnus, *La République des idées* aux éditions du Seuil, la question que l'on peut se poser en termes d'utilité de la sociologie est de savoir ce qu'il en advient. Est-ce que ça vaut le coup de faire tout ce travail, est-ce que ça sert à quelque chose au-delà du plaisir d'écrire et de quelques satisfactions personnelles ?

Chapitre 8

À qui s'adresse
la sociologie ?

• *La sociologie n'est pas qu'une affaire de spécialistes* • *Le sociologue et les médias, un rapport complexe* • *Quel rôle joue la sociologie dans les débats publics ?*

Il existe une grande diversité des « marchés » intellectuels et des publics visés, parfois touchés, par la production des sociologues. Le marché restreint, celui des revues savantes, sélectives et nécessaires à la carrière académique, repose sur des tirages de quelques centaines d'exemplaires et atteint quelques milliers de lecteurs dans les cas les plus favorables. Ces publications sont indispensables à la formation d'un milieu scientifique exigeant : il semble cependant que, en sociologie, ces revues sont parfois moins le reflet de l'activité scientifique des chercheurs qu'elles ne sont une étape de la reconnaissance à laquelle les jeunes prétendants à une carrière doivent se soumettre. Il arrive néanmoins que certains articles échappent au cercle restreint et que, quelques années après leur publication, ils fassent encore une « belle carrière ». Le deuxième marché est celui des ouvrages savants mais relativement peu techniques visant un public cultivé et dont le nombre moyen de lecteurs se tient autour du millier. C'est aussi le marché des revues de débats et d'idées comme *Le Débat*, *Esprit*, *Les Temps Modernes* ou *Politix*… Là aussi, il arrive que certains de ces ouvrages aient un écho très large et très durable, pensons aux livres les plus austères de P. Bourdieu, de R. Castel, de M. Foucault et de quelques autres… Mais c'est sans doute dans ce marché-là que la crise de l'édition est la plus sensible si l'on en juge par la faiblesse des tirages moyens. Enfin, il y aurait un troisième marché, celui du best-seller et d'un lectorat de masse dans lequel la sociologie tiendrait de la littérature, de l'essai et de la politique. Peut-être faudrait-il ajouter un quatrième marché, celui des éditoriaux, des invitations régulières dans les studios de radio et sur les plateaux de télévision… Sans oublier un marché discret mais relativement captif et sûr, celui des manuels scolaires et des petits livres courts destinés aux étudiants. Il faudrait ajouter les publications électroniques grâce auxquelles les chercheurs deviennent leurs propres éditeurs et leurs propres publicitaires. Bref, il existe des marchés larges et des marchés restreints, des marchés lents et des marchés rapides et nous pourrions aisément construire une typologie en croisant ces catégories.

Tout le problème est de savoir si ces marchés commandent la production sociologique et déterminent son impact social. À l'exception du marché restreint et savant dont les contraintes de production et l'ouverture sont assez précises – on sait comment il faut écrire, pour qui et combien on aura de lecteurs – je ne crois pas que les choses soient aussi claires. Qui aurait pu penser que *Les Héritiers* deviennent un best-seller (Masson, 2001) ? Qui aurait pu penser que tel article savant ait un certain impact sur les décideurs ? Quant aux livres dont on peut imaginer qu'ils ont été programmés pour toucher un large lectorat, je crois savoir que la plupart d'entre eux ne dépassent guère le millier d'exemplaires vendus. Autrement dit, l'existence de marchés et de stratégies éditoriales ne signifie pas que ces stratégies soient efficaces et c'est souvent après coup que l'on en déduit que si un ouvrage a du succès, c'est parce qu'il aurait été fait à dessein, alors que s'il n'a guère d'écho, c'est parce que son auteur aurait choisi une stratégie vertueuse, ascétique et austère. Je ne parle évidemment pas ici des ouvrages condamnés au succès et lancés comme de véritables produits commerciaux, comme ceux de J. Attali, d'A. Minc ou de M. Onfray... Mais là c'est quasiment de la « concurrence déloyale » et on sort de notre sujet.

Mieux vaut admettre que le livre ou l'article, une fois écrit et publié, entre dans une vie qui échappe à son auteur. Peu lu, l'auteur se sent injustement ignoré ; lu, il a souvent l'impression que le succès repose sur un malentendu. Et même si le second scenario est plus agréable, il est presque aussi imprévisible que le premier.

Les médias choisissent

Entre la recherche sociologique publiée et les lecteurs, il y des médiateurs. Les médias sont souvent décrits comme un monde inculte en sciences sociales, fasciné par l'actualité immédiate et ne s'intéressant qu'aux stars, à l'audimat et à tout ce qui peut faire spectacle. Pour l'expérience que j'en ai, ce n'est pas toujours le cas. Loin s'en faut. Bien des journalistes se donnent la peine de lire les livres et, dans les contraintes qui leur sont imposées, ils écrivent souvent de meilleurs articles que les comptes-rendus un peu convenus des revues de sociologie. Or il suffit parfois d'un article dans un grand journal pour décider du destin d'un livre. En général, on se méfie des journalistes mais on en connait plusieurs qui sont « bien » et extrêmement compétents dans le domaine qu'ils couvrent. Bien des journalistes de France Culture prennent le temps de lire les livres et d'en parler intelligemment avec les auteurs. Or, si une heure à France Culture reste une faible part de l'audimat, elle touche aussi quelques centaines de milliers d'auditeurs. Il faut défendre cette chaîne et ceux qui y défendent les sciences sociales. Les chaînes commerciales et généralistes ont parfois des « niches » dans lesquelles on parle un peu des sciences sociales. Après tout, si certains sociologues considérés comme sérieux sont devenus des intellectuels connus, c'est bien parce qu'il existe des journalistes qui les ont lus, écoutés et promus. On trouvera sans doute ces quelques lignes bien optimistes parce que rédigées par un sociologue plutôt bien traité par ces médias-là. Il est vrai aussi qu'il existe une logique de l'engagement ; avec le temps, on finit par connaître des journalistes, par voir ses articles d'opinion publiés et il est probablement de plus en plus difficile d'accéder à cette forme de reconnaissance en raison du nombre très élevé d'ouvrages publiés, malgré les faibles ventes et le rétrécissement général de la place que les médias accordent aux livres, et aux livres de sciences sociales en particulier.

À ma connaissance la télévision impose des cadres bien différents. Elle n'a jamais le temps et elle « hystérise » le débat. Le téléspectateur ayant le pouvoir de zapper à tout moment, tout s'y passe comme si on pensait qu'il n'est possible d'y développer qu'une idée, une seule et plutôt simple, et comme s'il fallait toujours passer par le biais de débats rapides, excluant les nuances, mettant en scène quelques oppositions assez sommaires. Trois minutes à la télévision, c'est considérable. En plus, le choix se fait sur les capacités de « communicant » de la personne interviewée : « bon client », « bon physique », « bonne voix », rapidité… Pour tout dire, ce n'est pas très agréable comparé à la radio qui donne un sentiment d'intimité. Là se pose un véritable problème. Faut-il accepter ce jeu ou cette logique du média, ou faut-il, comme l'avait fait P. Bourdieu qui pouvait se le permettre, imposer ses conditions de temps, de cadrage et d'abolition du spectacle même ? Personnellement, je ne crois pas qu'il faille aller partout et dans toutes les conditions. On a le droit de choisir ses interlocuteurs et de refuser des débats un peu déshonorants pour soi et pour la discipline que l'on représente. On peut refuser de mettre en valeur des thèses ou des idées auxquelles on finit par accorder une sorte de légitimité en faisant semblant de les discuter sérieusement dans l'ambiance excitée d'un plateau de télévision.

Cela étant, on ne peut pas réclamer à la fois une présence de la sociologie dans le débat public et refuser d'entrer dans l'espace public tant qu'il ne vous convient pas. Sauf à attendre que la télévision et les radios populaires ressemblent au Collège de France, on ne peut pas refuser de sortir du pré carré de la langue savante du chercheur. Je ne pense pas qu'il soit mauvais pour le débat public et pour la sociologie d'apprendre à parler simplement, à se concentrer sur les quelques idées qui vous tiennent à cœur, à dire aux journalistes qu'on ne pose pas les problèmes exactement dans les mêmes termes qu'eux... La sociologie doit au moins nous apprendre qu'il existe plusieurs espaces de communication, que ceux-ci ont des règles et des mœurs et qu'il vaut mieux ne pas les ignorer.

À côté de la presse et des radios « sérieuses », à côté de la télévision et des quelques émissions de débats, se développe une nouvelle pratique journalistique consistant à interroger les « experts ». Plutôt que de faire eux-mêmes des enquêtes difficiles dans un temps extrêmement bref, les journaux accolent la description des événements aux commentaires du spécialiste. Cette pratique se développe parce que la plupart des rédactions n'ont plus les moyens de spécialiser les journalistes afin qu'ils soient eux-mêmes des experts. Il existe aussi une tendance médiatique à « sociologiser » les faits divers, à penser qu'ils sont systématiquement les révélateurs d'une tendance lourde et l'on demande alors au sociologue d'intervenir. J'ai la plus grande méfiance à l'encontre de cette pratique, non parce que les faits divers ne sont pas significatifs, mais parce qu'ils restent des faits divers parfaitement singuliers sur lesquels on a peu à dire. Surtout, cette tendance participe de croisades morales parfaitement incontrôlables. Se produit-il une violence sérieuse dans une école ? Les journaux télévisés s'en font l'écho, divers magazines produisent des dossiers inquiétants sur la violence scolaire, les responsables politiques prennent des mesures, les syndicats exigent des moyens, l'extrême droite accuse l'immigration... On ne parle plus que de ça et toute l'école semble dévastée par la violence. Au bout de deux semaines : silence jusqu'à l'année prochaine. Dès que l'école, les banlieues ou les étudiants sont sur le front de l'actualité, je sais que mon téléphone sonnera. Là encore il est difficile de se plaindre de l'ignorance dans laquelle serait tenue la sociologie et refuser de parler ou d'écrire quand les médias se tournent vers elle. Je crois que la règle est assez simple. On peut refuser un média dont on sait que l'orientation trahira vos propos ou pour lequel on n'a pas de sympathie, on peut demander à relire l'entretien avant sa publication et, grâce aux courriels, c'est possible dans les contraintes de temps du journalisme. Il reste qu'il vaut mieux refuser de parler de ce qu'on ignore alors que les journalistes surestiment toujours le champ de compétence des sociologues qu'ils connaissent.

Quitter son laboratoire ou son bureau pour les médias, c'est accepter d'entrer dans un monde ayant ses propres règles et je ne vois pas comment on peut éviter de le faire si on souhaite que la sociologie soit utile ou pour qu'elle soit lue et entendue en dehors du cercle des chercheurs, des étudiants et d'une minorité intéressée. Alors, mieux vaut connaître les pratiques du monde dans lequel on entre ; après tout elles ne sont pas toujours pires que celles de sa famille professionnelle.

L'intervention publique

Si les rapports entre la sociologie et son public sont contrôlés pas les médias bien plus que par les chercheurs, il existe des formes d'intervention publique qui relèvent du seul sociologue. La figure, assez singulière, de l'intellectuel français suppose d'intervenir dans le débat public et c'est quasiment un métier d'avoir des idées sur tout : l'éducation, les mœurs amoureuses, le Moyen-Orient, l'équipe de France de football, Dieu et, bien sûr, le « silence des intellectuels »… Plus banalement, on peut intervenir soi-même sous la forme de tribunes dans les domaines où l'on croit avoir quelque compétence. Parfois, on en prend l'initiative, parfois un journal le demande. Ayant publié quelques interventions de ce type, je dois avouer que le motif psychologique en est généralement l'indignation politique. Dans la plupart des cas, j'ai eu le sentiment de jouir d'un privilège et de me faire du bien sans avoir aucune idée de l'impact de ce type d'intervention. Bien plus rarement, il est arrivé que certaines interventions soient reprises et utilisées par des acteurs, syndicats ou associations concernés ; on se dit alors qu'on a pu servir à quelque chose. Je me souviens notamment d'un texte contre l'abolition du collège unique publié dans *Libération* qui avait provoqué la réponse d'un ministre et quelques rencontres avec des responsables politiques et syndicaux. Il existe aussi des interventions collectives qui sont des actes plus directement politiques et qui peuvent ouvrir un espace de débat relativement nouveau. C'est ce que nous avons fait avec quelques collègues en 2009 en publiant dans *Le Monde* un manifeste pour « Refonder l'université » qui a été signé par plusieurs milliers d'enseignants-chercheurs. Même si l'on s'efforce d'intervenir comme des « intellectuels spécifiques » dans un domaine sur lequel on possède une certaine expertise, le jeu est d'abord politique et la maîtrise que l'on en possède est relativement faible. Ce n'est pas tous les jours que l'on peut écrire *J'accuse*. La position d'intellectuel est aujourd'hui relativement ouverte en raison de la multiplication du nombre des universitaires et il n'est pas exclu que ce type d'intervention se banalise progressivement et finisse par se vider de sens.

Les grands hebdomadaires proposent aujourd'hui de tenir des blogs dans lesquels on échange directement avec les internautes. En 2007, *Le Nouvel Observateur* m'a proposé de tenir un de ces blogs, que je voulais consacrer aux problèmes de l'éducation. Non seulement c'est une activité assez contraignante, mais j'ai demandé grâce au bout de quelques semaines car cette forme de démocratie directe m'est apparue assez terrifiante. Bien sûr, des discussions raisonnables, courtoises et sympathiques peuvent s'engager, mais j'ai eu aussi l'impression que le blog autorisait l'écoulement d'un flot de ressentiment, de haines et d'agressions personnelles protégées par l'anonymat. En dépit du blocage des propos racistes, xénophobes, homophobes... que la loi condamne, on se sent pris dans un univers malsain auquel quelques blogueurs consacrent leur vie. Ce n'est pas parce que les opinions sont « authentiques » et personnelles qu'elles sont forcément acceptables et respectables. Mais peut-être est-ce un effet de génération et suis-je déjà trop vieux !

Je préfère, et de loin, répondre aux propositions des associations (parents d'élèves, associations laïques, associations professionnelles et syndicales, clubs...) qui m'invitent à parler des problèmes qui les intéressent et notamment de l'éducation. Dans la mesure où je le peux, j'accepte presque toujours et je suis toujours agréablement surpris de voir que, contrairement à quelques clichés, il existe chez les « gens ordinaires » une profonde demande de discussions et de débats. Ces rencontres sont aussi pour moi une autre occasion de faire de la sociologie car si les auditeurs pensent m'interviewer en me posant des questions, je les interviewe de mon côté en écoutant leurs questions, leurs histoires et leurs réactions. C'est dans la salle d'un centre social avec quelques dizaines de personnes que j'ai vraiment le sentiment que la sociologie sert à quelque chose.

Ces rencontres ne sont pas seulement une manière de « vulgariser » la sociologie. Elles permettent aussi de comprendre « pourquoi ne croit-on pas les sociologues ? » (Dubet, 2002). La distance entre la connaissance « savante » de la société et la connaissance que les acteurs en ont n'est pas une affaire d'aliénation idéologique et de simple capital culturel. Quand les individus ne croient pas les sociologues, c'est, pour l'essentiel, parce que ce que dit la sociologie ne s'accorde pas avec leur expérience sociale. Là encore, c'est une affaire de bonnes raisons et de points de vue. Comment convaincre le professeur que le niveau scolaire des générations monte ou montait grâce à la massification, alors que, dans sa classe, il le voit baisser puisque la massification le confronte à des élèves plus faibles que ceux d'avant ? Pourtant les deux points de vue ne sont pas contradictoires. Comment convaincre que les inégalités n'explosent pas autant qu'on le dit, alors que chacun a le sentiment qu'elles s'accroissent considérablement parce que les cadres du jugement sur les inégalités se transforment et se démocratisent ?

L'action politique

Il peut arriver que l'on franchisse la barrière entre la connaissance et l'action, soit en entrant dans le monde de la décision politique, soit en acceptant un rôle de conseil. Bien que je ne sois membre d'aucune organisation politique, mes sympathies pour la gauche m'ont conduit à jouer brièvement les deux rôles.

Chargé par le ministère de Claude Allègre de proposer une réforme des collèges, j'ai découvert, probablement parce que j'étais trop naïf, que s'il n'est pas inutile d'être sociologue, la logique de la politique est d'une toute autre nature que celle de la sociologie. Il ne suffit pas d'imaginer une réforme juste, rationnelle et possible, pour convaincre les acteurs politiques et syndicaux de s'y rallier car ce n'est pas en ces termes que se fait la vie politique. La décision procède d'un jeu, pas aussi rationnel que le postule la théorie du choix rationnel, dans lequel l'évaluation de la conjoncture, des rapports de force et, il faut bien le dire, les caractéristiques personnelles des décideurs jouent un rôle essentiel. Il faut être capable de faire le sacrifice de points secondaires pour obtenir un avantage décisif, il faut tenir compte des réseaux, des perceptions de l'opinion, des conflits et des amitiés personnelles, des doubles langages qui alimentent le « marchandage » politique. C'est là le métier du politique et c'est là que les hommes politiques ont plus ou moins de talent. Soit le sociologue reste sur son quant-à-soi, se sent piégé, boude et démissionne ; pour ces raisons, j'ai démissionné d'une commission chargée de la réforme des programmes de sciences économiques et sociales en 2010. Soit il devient lui-même un acteur politique. Car il faut bien admettre que le jeu politique est très excitant, les passions et les intérêts y sont forts, la réaction des partenaires et des adversaires est rapide, on a le sentiment de quitter l'univers froid et lent de la recherche pour un univers rapide et chaud. Mais, dans ce cas, on sait bien que l'on est de moins en moins sociologue et le plus sage est de ne pas traîner trop longtemps dans l'action politique. Ou alors, il faut accepter de changer de métier.

Quitte à surprendre, cette situation n'est pas malsaine car dans un système démocratique les experts et plus largement les intellectuels n'ont pas de légitimité politique et ce que l'on peut réclamer c'est que les politiques prennent leurs responsabilités. Or s'ils en appellent si souvent aux experts et aux sociologues, c'est parfois pour se défausser, pour faire croire qu'une décision n'est pas politique et qu'elle serait dictée par la seule science. Comme rien ne prouve que les décisions des scientifiques seraient meilleures et plus sages que celles des politiques, mieux vaut accepter la séparation des genres.

Quand les partis politiques préparent les élections et les programmes, ils s'entourent d'experts et de *think tanks* dans lesquels les économistes, les juristes, les politologues et les sociologues sont nombreux. Si l'on croit que les sciences sociales doivent être utiles, c'est incontestablement une bonne chose et souvent les *think tanks* publient des rapports de grande qualité. Mais, là aussi, je ne pense pas que la distance entre la science et l'action se réduise autant qu'on le pourrait le croire. Plus on s'approche de l'élection, plus la logique politique s'impose, plus on s'adresse à des clientèles électorales et plus les propositions deviennent floues et parfois démagogiques du point de vue des experts qui se sentent trahis. J'en ai fait plusieurs fois l'expérience en matière de réformes éducatives quand le désir de ne déplaire à personne ou de plaire aux groupes les plus influents paralyse la volonté de réforme ou conduit à promettre « tout et n'importe quoi ». Encore une fois, on doit admettre que si la science et l'action sont liées, elles ne sont pas de même nature.

En conclusion, les sciences sociales jouent un rôle politique et social, mais que l'on raisonne en termes de débats ou en termes d'action, c'est un rôle qu'elles ne maîtrisent guère. Plutôt que d'attendre que se transforment les mondes médiatiques et politiques, nous devrions regarder de notre propre côté. La maîtrise de notre influence serait sans doute meilleure si nous formions un univers professionnel mieux organisé et plus cohérent, si nous pouvions aussi nous appuyer sur des institutions plus fortes, capables d'émettre des « avis » comme les sciences plus dures le font parfois. Je l'ai déjà dit, l'enseignement des sciences sociales devrait faire partie de la culture de base de tous les citoyens et de la culture professionnelle de ceux qui ont la capacité d'agir sur la vie sociale et, d'abord, sur l'opinion. Il est sûr que la démocratie y gagnerait et pas seulement la sociologie.

Chapitre 9

Un parcours ?

• Une certaine cohérence, une certaine inconstance • L'intervention sociologique • La Pologne de Solidarnosc, les premières émeutes de banlieue, l'éducation... • Style intellectuel et « visibilité » théorique

Même si je peux supposer que mon parcours professionnel a une relative cohérence, il est certain que je ne l'ai pas visée. Après m'être senti, comme il se devait à la fin des années soixante, marxiste et révolutionnaire, j'ai le sentiment de ne pas avoir beaucoup bougé intellectuellement et politiquement. Bien sûr, mes manières de concevoir et de faire de la sociologie ont connu des inflexions, mais je n'ai jamais vécu de rupture radicale, de changement de paradigme. N'ayant jamais pris le temps de me relire, peut-être est-ce une illusion.

En revanche, j'ai changé plusieurs fois et assez radicalement d'objet au cours de ma vie de chercheur. En la matière, je suis assez inconstant et je ne sais si je dois plaindre ou admirer mes collègues qui consacrent plusieurs dizaines d'années au même objet : le travail, la famille, la jeunesse, l'éducation… ou au même auteur dont ils deviennent les exégètes souvent sourcilleux. Je me réjouis qu'ils existent parce que j'utilise abondamment leurs travaux, mais je me sens incapable d'une telle constance. La vérité, c'est que je crains rapidement de m'ennuyer car dès que l'on a le sentiment d'avoir beaucoup travaillé et lu sur un objet, la loi des rendements décroissants s'applique de manière implacable. Il devient de plus en plus rare de trouver un fait nouveau et une idée si nouvelle qu'ils vous obligent à tout changer en supposant que l'on en ait le courage. Ce qui est agréable dans la recherche, c'est malgré tout la découverte pour soi, sinon pour les autres. De plus, le statut d'enseignant-chercheur donne une formidable liberté et je ne vois pas pourquoi je me priverais d'en jouir. Cette rapide introspection faite, comment essayer d'expliquer sociologiquement les changements d'objets ?

Histoire de recherches et histoire sociale

Il y a d'abord les circonstances et le hasard. Jeune père de famille, je cherchais du travail quand un enseignant m'a dit qu'un club de prévention de la délinquance de la banlieue bordelaise cherchait un sociologue. Si je ne l'avais pas croisé ce jour-là dans la rue, il n'est pas certain que je répondrais à vos questions aujourd'hui, tant j'avais vraiment besoin de travailler. Une fois dans cette équipe, j'ai entrepris de faire une thèse sur un thème qui intéressait les travailleurs sociaux : comment se forment les projets professionnels des jeunes des milieux populaires ? La thèse soutenue, un article publié dans la *Revue française de sociologie*, une expérience d'enseignant acquise auprès des travailleurs sociaux, je me suis retrouvé assistant, puis maître de conférences à l'université. Porté par une conjoncture extrêmement favorable au début des années soixante-dix quand le nombre des étudiants explosait et qu'il fallait des enseignants, je crois avoir été le seul candidat à ces postes. De ce point de vue, j'appartiens à une génération extrêmement privilégiée, bénéficiant de la massification scolaire et de la croissance économique des années soixante. Plus vieux, les études supérieures m'auraient été fermées, plus jeune, j'aurais affronté une concurrence bien plus dure.

Premier refus de m'ennuyer, j'ai décidé de suivre un séminaire à l'École des hautes études, comme le grand libéralisme universitaire de la période me le permettait. J'ai donc suivi le séminaire d'A. Touraine tout en commençant à travailler pour le plaisir sur le mouvement occitan qui, à l'époque, semblait acquérir une certaine importance avec les luttes de viticulteurs se définissant comme occitans. Cet intérêt n'était pas étranger à mes origines occitanes et au désir caché que les patois de mon enfance sortent de la clandestinité et du mépris. Comme au même moment A. Touraine voulait former une équipe étudiant les nouveaux mouvements sociaux qui se dessinaient, je pouvais apparaître comme l'homme des mouvements que l'on appelait alors « nationalitaires ».

En réalité, c'est l'ensemble du programme d'A. Touraine qui m'a avalé ; nous avons fait cinq recherches entre 1976 et 1982. Je n'ai jamais autant travaillé et avec autant d'excitation puisque nous inventions une méthode particulièrement exigeante : l'intervention sociologique[5]. Il s'agissait de former des groupes de militants, de les confronter à leurs adversaires et à leurs alliés, d'analyser ces longs débats et de proposer ces analyses aux acteurs afin de voir ce qu'ils en faisaient. Il ne faut pas avoir une image trop éthérée de la recherche : on fait des milliers de kilomètres, on contacte des dizaines de personnes pour que quelques-unes acceptent ces conditions de recherche, on enre-

---

5. L'équipe du CADIS était composée d'Alain Touraine, Zsuzsa Hegedus, Michel Wieviorka et moi.

gistre et on retranscrit des discussions, on achète de quoi nourrir les groupes parce qu'il faut bien manger... Il faut aussi apprendre à travailler avec d'autres, avec un sociologue connu et perçu comme un maître, tout en maintenant une vie familiale et une pensée personnelle. Alors que nous étions soupçonnés d'avoir une pratique de recherche prophétique, nous avons surtout mesuré la distance qu'il pouvait y avoir entre les luttes analysées et l'hypothèse postulant l'émergence de nouveaux mouvements. La plus belle de ces recherches, pas forcément la plus intéressante intellectuellement, est celle que nous avons faite sur Solidarnosc en 1981 en Pologne. C'est à ma connaissance la première recherche faite par des sociologues occidentaux dans un pays communiste, recherche rendue possible par le soutien de Solidarnosc et des intellectuels du mouvement, dont B. Geremek. Là, durant les quelques mois qui ont précédé le coup d'État de décembre 1981, j'ai eu le sentiment de voir l'histoire se faire. Nous avons collé aux événements tout en travaillant avec des groupes d'ouvriers à Gdansk, Katowice et Varsovie qui se battaient pour l'autonomie syndicale, la démocratie et l'indépendance nationale. Solidarnosc a su lier ces revendications jusqu'au moment où la menace d'intervention soviétique a imposé le régime d'un général. Vaincu, le mouvement a cependant signé la fin du communisme avec la séparation de la classe ouvrière et des régimes qui s'en voulaient l'incarnation.

Comment, de retour en France, ne pas éprouver un sentiment de vide ? La gauche gérait déjà plus qu'elle ne réformait, les nouveaux mouvements sociaux avaient obtenu un peu de reconnaissance institutionnelle et il semblait ne rien se passer. À l'exception toutefois d'une profonde transformation du monde populaire dont les bataillons ouvriers étaient décimés par la désindustrialisation et par l'épuisement des utopies communistes. Comme je crois que la sociologie doit être intéressante, c'est du côté « obscur » des mutations que je projetais de faire des recherches. Avec B. Francq, A. Jazouli, D. Lapeyronnie et quelques autres chercheurs de la nouvelle génération, nous sommes allés étudier les jeunes des banlieues populaires qui, de temps en temps, faisaient parler d'eux avec les premières émeutes de banlieue, notamment aux Minguettes près de Lyon. Durant près de trois ans, nous avons « écumé » les banlieues. Toute l'originalité de cette recherche consistait à utiliser l'intervention sociologique avec des groupes tenus pour marginaux et fragiles, tout le contraire des militants. Alors que l'on pouvait penser qu'il suffisait de décrire la situation objective des jeunes, la stigmatisation et le chômage, pour en expliquer les conduites, nous avons choisi d'inter-roger très longuement les jeunes et les habitants des quartiers, non pour en décrire la culture, mais pour comprendre comment se formait une expérience sociale. Tout l'enjeu consistait à montrer que nous assistions à la décomposition des anciennes ban-lieues rouges et que se formait dans la « galère » des jeunes la figure d'une nouvelle question sociale et parfois, l'émergence d'un acteur « enragé » par l'ex-clusion, la domination, l'absence de reconnaissance et d'expression politiques. Au fond, je faisais l'hy-pothèse que la « galère » des jeunes était aux classes populaires ce que les « classes dangereuses » avaient été aux « classes laborieuses » au milieu du XIXe siècle. Mais aucune domination n'étant totale, au-delà du cycle des révoltes et de l'apathie, s'est formé un mouvement de protestation, la marche pour l'égalité et contre le racisme dénonçant la ségré-gation sociale et raciale dans une alliance « black, blanc, beur ». Depuis cette période, la situation des jeunes de banlieue s'est profondément dégradée et l'on attend toujours que, des révoltes, naisse une protestation organisée.

Comme je l'ai déjà dit, j'ai craint que cette recherche ayant eu un certain écho, elle ne m'en-ferme dans un objet dont j'avais l'impression d'avoir dit l'essentiel. Nouvel objet : l'éducation.

Non seulement l'école me paraissait jouer un rôle central dans la formation de la « galère », mais j'étais aussi convaincu que l'intervention sociologique était extrêmement efficace quand on s'éloignait des mouvements sociaux pour s'approcher des expériences individuelles. L'opportunité d'un contrat de recherche se présentant à moi au moment où je prenais la responsabilité du département de sociologie de Bordeaux et où j'y créais un laboratoire (le LAPSAC, Laboratoire d'analyse des problèmes sociaux et de l'action collective), j'ai constitué une petite équipe avec O. Cousin et J.-P. Guillemet auxquels D. Martuccelli s'est joint plus tard pour étudier l'école en partant de l'expérience de ses acteurs et notamment des élèves. Là aussi, nous avons multiplié les interventions sociologiques dans les collèges et les lycées et nous avons même monté une intervention avec des enfants de l'école élémentaire. L'éducation est l'objet sur lequel j'ai travaillé le plus longtemps parce que la demande est forte et parce que les enjeux théoriques sont assez nettement constitués. Dans une intervention sociologique assez lourde conduite auprès des professionnels du travail sur autrui, j'ai voulu mettre en évidence la mutation globale du modèle des institutions (Dubet, 2002). J'ai essayé de montrer qu'un « programme institutionnel » construit par le transfert d'une forme religieuse vers un cadre laïque et républicain arrivait en bout de course. Certains de mes travaux sur l'éducation s'inscrivent dans un tout autre cadre méthodologique, voire essentiellement statistique, comme l'étude comparative faite avec M. Duru-Bellat et A. Vérétout.

Comme je l'ai expliqué plus haut, je m'intéresse depuis quelques années aux inégalités et à la justice sociale. Il est donc inutile d'y revenir, sauf pour dire que, avec S. Rui, O. Cousin et E. Macé, je consacre une grande partie de mon temps à une recherche sur l'expérience de la discrimination mêlant entretiens individuels et interventions sociologiques. J'aimerais que cette recherche soit le complément ou le prolongement de celle que j'avais faite sur les sentiments d'injustice au travail. C'est une manière de mesurer les écarts qui se forment entre les expériences sociales complexes des personnes plus ou moins discriminées et les représentations politiques et institutionnelles de la discrimination et des injustices. C'est aussi une façon d'étudier une des mutations les plus radicales de notre société : l'émergence de nouveaux acteurs collectifs, les femmes et les minorités.

Ce parcours dépend des circonstances, des opportunités et des appels d'offres, que j'ai d'ailleurs toujours saisis pour y développer mes propres problématiques. S'il y avait un élément commun au-delà de cette dispersion, ce serait sans doute le désir d'étudier les questions sociales qui me paraissent se dessiner, celles sur lesquelles nous avons encore des interrogations et des doutes. Quand je me retourne vers les quarante dernières années à l'occasion de cet ouvrage, peut-être ne suis-je pas totalement passé à côté de la plaque. En réalité, bien que cela ne soit pas totalement conscient, le choix des objets d'études est commandé par un diagnostic historique, par une sorte de pari sur la conjoncture et sur le sens des mutations qui se déploient sous nos yeux alors que nous avons toujours tendance à les percevoir dans des catégories anciennes et comme des crises ininterrompues. L'enjeu, c'est de comprendre ce qui nous arrive, l'épreuve, c'est la capacité de fabriquer des problèmes sociologiques. Suis-je parvenu à lier cette épreuve et cet enjeu ? Je n'en sais rien et mes réponses dépendent trop de mon « moral » pour que je me risque à en donner.

Les enjeux théoriques

Alors que certains sociologues semblent entrer dans la vie intellectuelle déjà tout armés d'une théorie, ce n'est pas mon cas. S'il m'arrive d'avancer des bribes de théorie, c'est le terrain qui me les impose. Aussi mes livres les plus théoriques, dont un rédigé avec D. Martuccelli (Dubet, 1994 ; Dubet, 2009 ; Dubet, Martuccelli, 1998), sont-ils plus des pauses et des bilans que de véritables ouvrages de propositions théoriques. J'y combats quelques adversaires, les apories du choix rationnel, le tout domination, la dissolution de la vie sociale dans la microsociologie…, tout en ayant du mal à ne pas leur reconnaître quelques vertus et à adopter le ton militaire qui fait souvent la force des livres théoriques. Pour qu'un travail théorique soit visible, il doit être original sur le fond et souvent péremptoire sur la forme. Je me sens bien trop « classique » pour être original et péremptoire. Même si je pense que les réponses traditionnelles de la sociologie ne conviennent plus, qu'il s'agisse des conceptions de l'action ou de celles de la société, je persiste à croire que les questions de cette sociologie restent les nôtres et qu'il n'est pas nécessaire de « rompre » en affirmant systématiquement la nouveauté radicale de sa propre pensée.

Dans *Le Travail des sociétés* (2009) je me suis efforcé de montrer que la représentation de la vie sociale sous-tendue par l'idée de société conçue comme un système intégré déterminant les conduites des acteurs n'était plus une solution acceptable. Les sociétés nationales ne sont plus l'incarnation de ce modèle et la distance entre les structures sociales et les expériences est trop profonde pour que cette conception commune aux fonctionnalistes, aux marxistes et à P. Bourdieu dont on peut penser qu'il synthétise, sans trop le dire, ces deux formules théoriques, rende compte des mutations des mécanismes de l'intégration sociale. Pour autant, je ne pense pas qu'il faille abandonner l'idée que nous vivons dans des sociétés conçues comme des ensembles composites, hétérogènes et parfois tragiques. Dans ces cas, les sociétés sont le produit d'un travail continu des conflits, des mouvements et des représentations que ne résument aucune notion, aucun concept si large et si efficace que tout s'y ramène. Je suis donc conduit vers des théories qui dérivent de mes recherches de terrain plus qu'elles ne cherchent à construire une clé capable d'ouvrir toutes les portes. Du point de vue de la « visibilité » d'un travail, ce choix n'est pas le meilleur.

Peut-être n'ai-je pas le tempérament nécessaire à l'élaboration d'une théorie parce que n'aime pas les systèmes fermés. A. Touraine m'a fortement influencé. Je lui rends grâce d'avoir donné à ma vie un cours que je n'imaginais pas tout en me permettant de devenir ce que je pouvais être sans trop avoir le sentiment de trahir. Je n'ai jamais aimé les Écoles, encore moins les sectes, et les arguments d'autorité ne sont guère ma tasse de thé. La citation d'un maître n'est jamais une preuve et je ne demande pas à mes étudiants de me citer. Je ne cherche pas à relire les pères fondateurs pour en faire des sortes de précurseurs de ma propre pensée en lui conférant ainsi une autorité qu'elle n'a pas.

Ce qui pourrait passer pour un plaidoyer *pro domo* est en réalité une faiblesse. Je n'ai pas *fait école*, aucun cours n'est donné sur mes recherches dans le département de sociologie où je travaille et que j'ai longtemps dirigé. Je n'ai pas recruté mes collègues en fonction de leur fidélité ou de leur soumission ; leur amitié me suffit ou me suffirait. Je suis heureux que le LAPSAC soit intellectuellement ouvert. Il faut dire que, sous réserve qu'une pensée sociologique l'autorise, faire école n'est pas une mince affaire. Il faut trouver des « disciples », être parisien, tenir des revues et des collections, s'engager dans les organisations professionnelles, occuper des postes stratégiques, distribuer des ressources et des postes, jouer de son influence, organiser des colloques autour de son œuvre... Certains s'y consacrent avec acharnement et c'est sans doute là beaucoup de travail, comme le montre une belle biographie de Durkheim (Fournier, 2007). Il ne suffisait pas à Durkheim d'être Durkheim, ce qui n'est pas rien, pour faire des durkheimiens, il lui a fallu abattre un travail considérable, épuisant et tout aussi important que la rédaction de son œuvre propre. Alors, imaginez ce qu'il en est quand il est sûr que l'on n'est pas Durkheim et que l'on est un peu nonchalant ! En revanche, on évite ainsi le ridicule de la vanité et les excès de l'amertume, tant il est certain qu'il y aura peu d'élus.

Tout cela prouve que les enjeux d'une activité intellectuelle ne sont pas seulement intellectuels. Ils exigent des supports, des laboratoires, des institutions, un travail qui ne se réduit pas à la recherche et à l'écriture. Porté par l'optimisme des Trente Glorieuses, j'ai longtemps cru qu'il suffisait de bien travailler pour que les choses adviennent. C'est dans une large mesure ce qui s'est passé pour moi. Mais peut-être n'ai-je pas été suffisamment entrepreneur et d'abord entrepreneur de moi-même, et n'ai-je pas été assez sociologue pour comprendre comment se construisait une influence. Je ne suis pas le seul dans ce cas. Certains des sociologues français que j'admire le plus, J.-M. Berthelot, R. Castel, J. Donzelot et quelques autres, sont dans la même situation. Ce qui me console et me rassure.

La visibilité théorique tient aussi aux styles intellectuels. Pour être visible en matière de théorie sociologique, il faut affirmer un paradigme central, un petit nombre de propositions relativement simples dont on démontre qu'elles s'appliquent à une multitude de cas et de problèmes. Il faut dire

« tout s'explique à partir de mon modèle », il faut produire une théorie aisément transmissible autour de quelques axiomes. Cette opération, qui nécessite sans doute un grand talent, est d'autant plus aisée que l'on pense qu'une sociologie générale peut découler d'un paradigme unique. Or, au fur et à mesure que l'on s'éloigne de ce que la sociologie classique appelait la société conçue comme un mécanisme régulateur général, et que l'on s'éloigne aussi de l'idée selon laquelle l'action sociale procède d'une logique centrale, cette stratégie théorique paraît de plus en plus forcée. Elle conduit nécessairement à élargir le paradigme central jusqu'aux limites du raisonnable et à l'étendre jusqu'à l'épuiser pour qu'il continue, plus ou moins artificiellement, à survivre et à rendre compte de phénomènes extrêmement divers, voire hétéroclites. Peut-être n'est-il plus possible de construire une vraie sociologie générale et le risque est alors de lui substituer un discours global. Toute comparaison de « niveau » mise à part, étant donnée la stature de la référence, je me sens proche du style intellectuel de R. K. Merton qui a choisi de développer des théories à moyenne portée, des théories spécifiques dont l'articulation n'engendre pas une théorie générale. R. K. Merton a eu des élèves, pas des disciples, et une grande influence, il a été connu et reconnu, mais il n'a jamais fait école.

Au fond, j'ai le sentiment de me trouver dans une position assez ambigüe. Je fais partie des sociologues relativement lus et reconnus, comme quelques dizaines de mes collègues français. J'aurais bien tort de me plaindre puisque je n'imaginais même pas que cela fût possible tout en ayant la liberté de faire ce que je souhaitais. En même temps, je me sens *free-lance* et un peu marginal, provincial pour tout dire, car si la sociologie que je développe est honorablement connue, citée et parfois utilisée par d'autres, elle ne « cristallise » pas, elle ne se constitue pas comme un pôle visible et identifiable. J'ai parfois la surprise de voir que des thèmes ou des bouts de théories que j'ai élaborés voici plusieurs années sont repris sans même que j'en apparaisse comme l'auteur, quand je ne suis pas soupçonné d'être une espèce de plagiaire rétrospectif de travaux publiés bien après les miens.

Ces quelques lignes sont une manière désabusée de dire que, tout bien pesé, l'introspection a des limites et que je suis fort mal placé pour dire quels sont les enjeux et les épreuves de ma vie professionnelle et de mon travail. Cela démontre encore une fois l'utilité de la sociologie, du regard extérieur, des méthodes rigoureuses et du mélange de distance et de sympathie indispensable à la sociologie, vertus que l'on ne peut guère avoir envers soi-même.

Chapitre 10

Le sociologue face à ceux qu'il étudie

• Acteurs, chercheurs, un « contrat » très particulier • Toutes les méthodes sont bonnes, à condition … • Qu'est-ce que l'intervention sociologique ? • Traiter les autres comme on aimerait qu'ils nous traitent

La relation entre le sociologue et ceux qu'il étudie est affaire de méthode et toutes les méthodes sont bonnes… à condition que l'on sache ce qu'on peut en attendre. L'erreur méthodologique réside moins dans la méthode que dans le fait qu'elle ne répond pas aux questions posées ou qu'on lui fasse dire ce qu'elle ne peut dire. En ce domaine, je suis œcuménique bien que j'aie privilégié une méthode parmi d'autres.

Je suis favorable aux questionnaires qui mettent en relations des opinions et des positions. Les

questionnaires ont, entre autres, deux vertus irrem-
plaçables. Une vertu « topographique » décrivant
des grandes tendances objectives et subjectives
qui constituent les groupes sociaux : je peux ainsi
savoir comment vivent et comment pensent les
ouvriers, les jeunes, les femmes, les provinciaux…
et relativiser bien des idées reçues. Le questionnaire possède aussi une vertu plus analytique en
mettant en lumière la structure des opinions et
des attitudes qui forment des sortes de systèmes.
Mais comme toute méthode a des limites, il n'est
pas sûr que la juxtaposition des opinions soit utilisée comme une manière de reconstruire les raisonnements sociaux des individus et que la seule
correspondance des attitudes et des situations soit
une explication toujours satisfaisante. En effet, le
questionnaire met les acteurs en situation de hié-
rarchiser des choix préformés. Il leur demande de
choisir entre des opinions déjà « produites » et on
ne peut pas faire comme si les individus étaient en
capacité de fabriquer ces produits.

Je suis favorable aux entretiens, mais je suis parfois surpris que leur interprétation soit écrasée par la
théorie du chercheur. Quand celui-ci est déjà assuré
du sens de ce qui sera dit, pourquoi se donner la
peine de demander aux gens ce qu'ils pensent ?
Dans un cas, les personnes pensent comme le cher-

cheur attend qu'elles le fassent et tout va bien, dans l'autre cas elles disent des choses inattendues, alors elles seraient aveugles, aliénées et ne sauraient pas ce qu'elles disent et ce qu'elles font. Mais jamais la théorie initiale ne peut être démontrée fausse. L'entretien est utile quand on joue le jeu, c'est-à-dire quand on pense que les personnes interrogées ont des choses à dire et sont aussi « intelligentes et sincères » que celui qui les interroge.

Je suis favorable aux méthodes statistiques et je m'y suis abandonné récemment sous la conduite éclairée de M. Duru-Bellat. Ces méthodes apportent un sentiment de sécurité indiscutable, elles ont même un aspect fascinant et ludique depuis que les banques de données sont relativement accessibles et que les programmes informatiques sont aussi intelligents, rapides et faciles à manipuler. En même temps, elles ne lèvent jamais le doute sur la construction des indicateurs et sur le problème de savoir ce qu'ils indiquent. L'obsession de la corrélation fait que toute corrélation forte est tenue pour une sorte de « loi », et que l'absence de corrélation, donnant cependant une information tout aussi intéressante, est ignorée. Alors que je me sentais un peu « complexé » par les méthodes statistiques, j'ai vu qu'elles étaient souvent bien moins contraignantes pour le chercheur que les archives ou les entretiens qui ont pourtant la réputation d'être plus « mous ». Il existe aussi le risque du *benchmarking*, de la comparaison et de l'évaluation continue qui créent des êtres de fiction que l'on finit par prendre pour la réalité. C'est ce que l'on découvre quand cette technique nous apprend que pour être heureux, il faut avoir l'hygiène de vie des Norvégiens, mais le système de santé des Français, l'école des Finlandais, mais le climat de l'Italie, la discrétion des Suisses mais le dynamisme des Américains… Ne croyez pas que ce sont là des plaisanteries quand on en juge par les publications des grands organismes internationaux, comme l'OCDE ou la Banque Mondiale qui mettent le monde en équations et, à l'aide de modèles économiques, recherchent obstinément une *one best way* pour l'imposer à ceux qui n'en peuvent mais. Comme la méthode est forte, mieux vaut la connaître pour en savoir les limites.

J'ai même pratiqué l'observation participante en occupant un poste de professeur de collège durant l'année 1994-1995 afin de voir ce qu'il en était des difficultés du métier d'enseignant. Et j'ai vu ! Grâce à cette expérience directe, je dois aussi constater à quel point il est difficile d'agir, de faire la classe, et de se regarder agir. Le métier est si lourd que je n'y suis guère parvenu ; au fil du temps, je préférai devenir un enseignant convenable plutôt que d'être un sociologue aux aguets incapable de faire la classe. C'est dans les aspects secondaires de la vie professionnelle, salle des professeurs et conseils de classe, que je me sentais sociologue et un peu voyeur. Cela dit, rien ne remplace une certaine immersion dans le milieu et les problèmes que l'on étudie : on comprend mieux ce que les autres vivent et on évite quelques contre-sens.

Tout cela pour dire qu'il n'y a pas de querelle des méthodes, que toutes sont utiles à condition de savoir ce que l'on fait et ce que l'on peut en attendre. À condition de savoir aussi qu'une méthode sociologique est toujours une relation sociale entre un acteur et un chercheur, qu'elle est toujours une manière d'attribuer une position à autrui. C'est sur ce point que le courant auquel je m'identifie depuis longtemps est peut-être le plus original.

L'intervention sociologique

L'intervention sociologique a été pensée comme une méthode répondant à une question très précise : quelles sont les significations d'une action collective ? Plus précisément, dans quelle mesure cette action-là est-elle un mouvement social, quel est le niveau de ses enjeux et dans quels rapports sociaux s'inscrit-elle ? Il s'agissait d'étudier des luttes sociales afin de savoir quel mouvement social pouvait les porter. Dans ce cadre un mouvement social est défini par le fait qu'il mobilise un acteur qui, au nom de son identité, affronte un adversaire dominant ayant la maîtrise de l'investissement et des orientations globales de la société, ce conflit ayant un enjeu de portée globale, un enjeu dépassant les seuls intérêts des membres du mouvement. En ce sens, toutes les luttes sociales ne sont pas des mouvements sociaux. Comme il ne peut être question de se satisfaire des croyances, des convictions et des idéologies des militants, comme il faut se demander comment se crée l'action, A. Touraine a imaginé un procédé méthodologique assez complexe soumettant les acteurs et les acteurs à des conditions de recherche précises, et définissant tout aussi précisément la nature des relations entre les sociologues et les acteurs (Cousin, Rui, 2010 ; Touraine, 1978).

Nous proposions à des militants, plus largement à des individus concernés, de s'engager à participer à une longue série de rencontres durant lesquelles ils rencontreraient des interlocuteurs, des adversaires et des partenaires de leur combat, durant lesquelles ils discuteraient entre eux. Surtout, au terme de la recherche, les sociologues s'engageaient à discuter leurs analyses avec les membres des groupes. Du point de vue technique, c'est un montage assez compliqué car les groupes ne doi-

vent pas être homogènes afin que plusieurs tendances ou sensibilités soient présentes, parce qu'il
faut la présence de deux chercheurs dans chaque
groupe afin qu'ils se contrôlent eux-mêmes, et
parce qu'il faut constituer plusieurs groupes afin
d'obtenir des données relativement stables au–delà
de la dynamique singulière de chaque groupe. Il
se crée donc un « contrat » très particulier entre
les acteurs et les chercheurs. Les chercheurs s'engagent à intervenir en soumettant leurs analyses
aux membres des groupes plutôt que de les gar-
der par devers eux, et les acteurs sont pris dans un
processus d'auto-analyse les conduisant à mettre
progressivement leurs idéologies à distance. En
fait, cette méthode considère que les individus
sont capables de réfléchir sur eux-mêmes dans des
conditions relativement contrôlées, sous l'effet
d'interlocuteurs jouant le rôle de stimulus, et le
travail d'interprétation repose plus sur l'auto-analyse des acteurs que sur leurs témoignages. Pour
le dire d'une façon un peu abstraite, il s'agit de
construire un espace de réflexions et de débats, un
espace artificiel reposant sur le postulat d'une production conjointe de connaissances. Les sociologues veulent produire des connaissances dans un
cadre assez contraignant, les militants pensent que
l'accroissement de leurs capacités d'analyse aug-
mente à terme leurs capacités d'action.

L'aspect le plus original de cette méthode tient dans le mot intervention. Alors que les sociologues sont habituellement invités à être les plus neutres possibles, ils sont ici contraints de réfléchir sur la vie d'un groupe et d'en proposer une analyse à ses membres. Pourquoi ? Si les membres d'un groupe interprètent leur expérience militante et l'histoire du groupe en reprenant les analyses des chercheurs et si la même opération est reproduite dans plusieurs groupes différents, animés par des chercheurs eux aussi différents, on peut imaginer que les hypothèses ont une très forte vraisemblance, ce qui ne veut pas dire qu'elles soient « vraies ». En revanche, si les acteurs ne se reconnaissent pas dans les analyses des chercheurs, c'est que cette analyse est incomplète, « fausse », et elle doit être remise sur le métier. Cette manière de faire de la sociologie est la moins naturelle qui soit car elle vise à produire un espace de connaissance commun en surmontant la contradiction entre deux positions. D'un côté, elle refuse l'idée de l'étanchéité absolue entre la connaissance savante et la connaissance naturelle, ce que l'on appelait la « rupture épistémologique ». De l'autre, elle postule que si les acteurs savent ce qu'ils font, ils ne le savent pas spontanément du point de vue du système dans lequel ils agissent ; il ne suffit donc pas d'enregistrer des témoignages d'acteurs pour en comprendre le sens et la portée.

On a parfois reproché à cette méthode d'être « prophétique », manipulatrice, et de ne trouver que ce qu'elle cherche. Étrange critique quand on sait qu'elle a considérablement mis en cause nos hypothèses sur les nouveaux mouvements sociaux. Je crois que la résistance à cette méthode ne tient pas à cette objection, mais à deux exigences extrêmement fortes. La méthode est très lourde : la formation des groupes, la recherche des interlocuteurs, la nécessité de former une équipe de chercheurs, la longueur des séances et des comptes-rendus... Plus fondamentalement, cette méthode est inconfortable car elle oblige les chercheurs à rendre des comptes aux acteurs et à vérifier *in vivo* ce que valent leurs analyses. Il n'est pas facile de dire à des personnes avec lesquelles on a travaillé : voici comment j'interprète notre travail et j'accepte de me soumettre à votre critique en voyant si mes analyses donnent un sens et une cohérence à ce que vous vivez.

On ne sort pas indemne de cette méthode de travail et surtout de la nature des relations qu'elle établit entre les sociologues et leurs objets. Elle peut être extrêmement productive car, si le travail est bien fait, elle permet de poser directement aux acteurs sociaux les questions que se posent les chercheurs. J'ai donc repris cette méthode pour étudier des expériences sociales qui, a priori, ont peu à voir avec l'action collective organisée : la galère des jeunes de banlieue, les expériences scolaires des élèves et de leurs enseignants, l'expérience professionnelle des travailleurs sociaux, des formateurs d'adultes et des infirmières, quelques groupes professionnels... Ce qui est irremplaçable, c'est que les individus sont mis en situation d'échapper au seul témoignage, de se confronter à d'autres, d'être tenus de se justifier, de produire ainsi des raisonnements et des hypo-thèses, et cela d'autant plus que le sociologue se sou-met, lui aussi, aux mêmes exigences. Cette méthode n'a pas seulement des vertus démocratiques, elle est aussi scientifiquement productive en mettant sur la table le double point de vue des chercheurs et des acteurs. L'expérience accumulée a montré que les effets de position sociale jouent faiblement puisque cette méthode renforce les capacités de réflexion et d'analyse des individus ; ce sont d'ailleurs les plus idéologues des acteurs, ceux qui pensent posséder les bonnes clés, qui résistent le plus à la méthode. Mais la majorité des individus y prend un certain plaisir car, après tout, ce n'est pas tous les jours que l'on prend le temps de vous demander ce que vous pensez, comment vous voyez le monde, et que l'on vous écoute avec autant de sérieux.

Une fois la recherche terminée, la vie reprend son cours. Je ne crois pas que cette méthode soit une technique d'action dont l'objectif serait de transformer les individus qui y ont participé. Il est même souhaitable de ne pas mettre les membres des groupes en danger quand la recherche révèle les aspects les plus sombres, les plus fragiles et les plus destructeurs de leur expérience. Ce n'est pas une thérapie et il est bon que la recherche se termine sur un certain quant-à-soi. Dans tous les cas, je m'interdis de transformer le sociologue en « coach » ou en conseiller. Malgré le travail commun, il faut accepter que se reconstitue un décalage entre la sociologie et l'action, entre l'analyse sociologique et l'auto-analyse des acteurs, même si la recherche elle-même a essayé de surmonter, pour un moment, cette distance. En nous engageant avec ceux que l'on interroge, nous en devenons responsables et le moins qui leur soit dû est de ne pas les affaiblir ou de vouloir les aider sans être en mesure d'en assumer, personnellement, les conséquences.

Je disais plus haut que l'engagement sociologique exige de traiter les autres comme j'aimerais qu'ils me traitent et que leur soient appliquées des théories que je m'appliquerais à moi-même. L'intervention sociologique met en acte cette formule morale. C'est pour cette raison que, s'il est bon que les acteurs et les chercheurs trouvent un langage commun durant la recherche elle-même et dans des conditions contrôlées, il faut que les uns et les autres se séparent car les intérêts de recherche et les intérêts d'action ne se recouvrent jamais totalement. Cet impératif appelle aussi une manière d'écrire et de restituer aux individus ce qui leur est dû. Après tout, c'est eux qui paient le fonctionnaire que je suis.

Chapitre 11

Aux étudiants que la sociologie intéresse

• Sur l'université et l'enseignement supérieur • Des études à (re)construire • La culture de base des sociologues • Le temps de la jeunesse

Comme nous venons de le voir, le sociologue ne saurait se prendre pour un *coach*, ni inciter à faire de la sociologie plutôt qu'autre chose. Bien que la sociologie m'intéresse et parfois me passionne, il y a mille autres choses à faire et tout aussi utiles et stimulantes. Plutôt que de m'efforcer de peser sur la demande, sur le choix d'un lecteur en lui vantant les charmes de la sociologie, je voudrais réfléchir sur l'offre de formation en sociologie afin que, si un étudiant décidait de faire ce choix, il lui soit répondu de la meilleure des façons possibles.

L'université

L'université française va mal et ce n'est pas nouveau. Historiquement, la France n'a pas choisi les universités, contrairement à la plupart des autres pays comparables. La sélection et la formation des élites passent par les grandes écoles et depuis plusieurs années les petites grandes écoles se sont multipliées. Trahissant leur vocation consistant à privilégier les études courtes et les étudiants issus des filières techniques, les IUT se sont constitués comme un des niveaux de ces écoles en ayant le droit de sélectionner leurs étudiants. Tant que le nombre des étudiants était relativement limité et que la demande d'emplois diplômés était accordée à l'offre d'emplois, la situation n'était pas tragique. Mais avec l'explosion scolaire, les choses sont nettes : les meilleurs des lycéens font des classes préparatoires, passent des concours ou choisissent les filières universitaires sélectives perçues comme plus rentables. Les humanités et les sciences humaines et sociales arrivent en bout de course ; à quelques exceptions près, elles sont choisies par les étudiants qui ne peuvent pas aller ailleurs ou qui espèrent obtenir un niveau licence, bac + 3, afin de passer des concours de niveau bac + 2, comme celui des écoles de travailleurs sociaux ou de certains IUT. Ce n'est pas seulement parce que le niveau de la formation serait trop exigeant qu'il y a tant d'échecs en première année, c'est aussi parce que beaucoup d'étudiants n'ont pas vraiment choisi d'être là et ne se présentent pas aux examens.

Pour ce qui est de la recherche, la tradition française n'est pas plus favorable à l'université. Avant même la création du CNRS, chaque fois qu'un problème scientifique se posait, c'est en dehors de l'université que l'on mettait les moyens et les chercheurs en créant les grands organismes. Malgré la multiplication des laboratoires et un financement plus généreux de la recherche universitaire, les conditions de travail des enseignants-chercheurs se sont dégradées. Un enseignant-chercheur enseigne, ce qui est normal, mais il consacre de plus en plus de temps à la gestion des affaires universitaires tout en ayant une activité scientifique qui le met en concurrence avec ses collègues des grands organismes qui peuvent consacrer tout leur temps à la recherche. C'est un peu comme si des amateurs et des professionnels devaient s'affronter dans les mêmes compétitions. Cette concurrence est parfois mal vécue par les universitaires, elle peut aussi les conduire à négliger l'enseignement puisque la recherche seule confère prestige et reconnaissance.

Peut-être parce que les universités n'ont jamais été considérées comme jouant un rôle central, elles constituent un milieu libéral, ce qui est bien, mais un milieu anomique, ce qui l'est moins. Chaque département est plus ou moins libre de définir ses programmes et, au bout du compte, bien malin qui pourrait dire ce que sait et sait faire un étudiant français en littérature, langues ou psychologie. Chaque département pourrait éventuellement le dire, l'université dans son ensemble n'en est pas capable. Tout dépend de l'endroit où un étudiant a fait ses études alors même que l'on défend une égalité de tous les diplômes. Notons d'ailleurs que l'égalité nationale des diplômes est d'autant plus affirmée que les diplômes concernés sont peu rentables sur le marché du travail. Ce n'est évidemment pas le cas pour les diplômes sélectifs dont la hiérarchie est très nettement établie.

Enfin, pour les étudiants, si l'université offre les charmes de la liberté, elle est aussi particulièrement peu accueillante. La vie associative y est faible, la participation aux élections universitaires plus faible encore, les activités culturelles et sportives sont anecdotiques quand on la compare au dynamisme de la plupart des universités étrangères, les associations d'anciens élèves capables d'aider les nouveaux venus à s'orienter dans l'université et dans le marché du travail y sont rarissimes alors qu'elles sont essentielles dans les écoles grandes ou moins grandes. Il m'arrive parfois de penser que si les étudiants des universités de lettres et de sciences humaines se mobilisent si facilement contre diverses réformes, c'est sans doute parce qu'ils sont inquiets, et ils ont raison de l'être, mais c'est aussi parce que ces luttes leur donnent enfin de sentiment d'être vraiment des étudiants, des membres d'une communauté universitaire. Ils s'approprient les locaux, parlent de l'université, acquièrent une identité collective et une existence publique alors que la vie universitaire normale les atomise et les disperse.

Au bout du compte, ce système est profondément inégalitaire et peu efficace. Ce sont les étudiants les moins favorisés qui se retrouvent dans l'université de masse où ils auront la formation la moins exigeante et la moins coûteuse. Comme l'a montré M. Duru-Bellat ((2006)), la rentabilité moyenne des diplômes décline pendant que la capacité scientifique des universités française n'est pas des meilleures quand on les compare aux grands organismes, et quand on compare la recherche française à celle de pays comparables.

Bien sûr, des changements sont survenus depuis une vingtaine d'années. Il y a plus de laboratoires dans les humanités et les sciences sociales. La contractualisation quadriennale introduit un peu de cohérence et beaucoup de « paperasse », les universités ont nettement plus d'autonomie qu'elles n'en possédaient. La loi de réforme des universités peut même introduire des changements radicaux. Les universités qui ont le plus gros potentiel de recherche et la capacité de choisir, sans trop le dire, les étudiants, celles qui auront aussi la plus forte capacité politique, sortiront gagnantes alors que les autres risquent d'être très affaiblies. Chacun sait, espère ou craint sans trop l'avouer, que son université tombe du bon ou du mauvais côté. Mais les relations entre les universités et les grandes écoles semblent intouchables, tant les élites françaises craignent d'abandonner un système de sélection qui leur est si évidemment favorable ; dans ce cas, il suffit de parler d'un enjeu vital pour le pays pour faire croire qu'il est question de l'intérêt général. Les grands organismes se sentent menacés, mais pour le moment nous sommes encore loin d'un statut commun à tous les chercheurs et à tous les enseignants-chercheurs. Derrière une façade d'unité et quelques grands principes infiniment répétés, le système de l'enseignement supérieur et de la recherche français reste profondément clivé en une myriade de statuts, d'institutions, de groupes qui en font un ensemble peu lisible ou, au contraire, si transparent qu'un étudiant bien informé peut avoir le sentiment qu'il a intérêt à ne pas aller à l'université tant que d'autres choix lui sont ouverts.

Quand on aime sa discipline, quand on la croit utile et quand on veut la défendre, on ne peut pas accepter cette situation. Alors, on peut râler, tourner en rond, protester, dire que chaque réforme menace la civilisation et la culture, dire que chacun d'entre nous est un prix Nobel empêché d'advenir, dire que tout étudiant devrait trouver l'emploi qui correspond aux études qu'il a choisies, tout en conseillant sagement à ses propres enfants de fuir l'université. On peut aussi essayer de changer les choses.

Construire des études

J'écris ces lignes de l'université de Montréal où j'enseigne pour un semestre. C'est une université publique et non sélective. Tout n'y est pas parfait et ce n'est pas un modèle à imiter et à exporter vers la France. Mais j'y rencontre beaucoup d'étudiants français qui s'y déclarent généralement très heureux de leurs conditions d'études et de leurs conditions de vie bien plus faciles qu'elles ne le sont dans une grande ville française, notamment à Paris. Quelques-uns d'entre eux, notamment les plus avancés dans leurs études, auront du mal à rentrer en France et cela ne s'explique pas seulement par le marché du travail bien plus favorable aux jeunes au Canada qu'il ne l'est en France. Les conditions d'étude y sont pour beaucoup.

En sociologie, un grand nombre des étudiants de première année ne font pas seulement de la sociologie. Ils se forment aussi en psychologie, en histoire, en économie ou en philosophie. Bien qu'ils ne soient pas toujours les meilleurs élèves de l'enseignement supérieur, ils travaillent beaucoup. Pour mon cours semestriel de première année, ils me rendent quatre fiches de lecture et deux dissertations. Et comme ils ont beaucoup de cours, ils travaillent beaucoup. Il est vrai que, à la différence des étudiants français, ils bénéficient d'une formation ouverte et diversifiée, ils acquièrent une culture générale qui leur permettra, le temps venu, de faire des choix et de se spécialiser dans une discipline. L'université française a choisi de spécialiser précocement les étudiants en sciences humaines et de les mettre dans des tuyaux qui devraient les conduire vers les métiers de chercheurs ou d'enseignants au terme du CAPES ou de l'agrégation. Cela peut se comprendre quand on se forme à un métier, ingénieur, technicien, médecin ou infirmière, mais c'est absurde pour les autres. Comment construire une spécialisation aussi précoce sur une culture générale aussi fragile que celle que donne le lycée et sur des projets aussi incertains ? Pour être un bon sociologue, il faut avoir quelques connaissances en histoire, en économie, en psychologie… D'abord pour être cultivé, ensuite pour choisir. Cette situation est d'autant plus étrange que les meilleurs des élèves font des classes préparatoires où la formation est moins spécialisée, où les exercices demandés sont nombreux, alors que ce type de formation et d'encadrement serait bien plus utile aux étudiants tenus pour moins bons.

Je suis donc favorable à ce que les premiers cycles soient pluridisciplinaires ou « à la carte ». Cela exigerait que les université elles-mêmes soient pluridisciplinaires et ne reproduisent plus l'ordre des vieilles facultés de lettres, de sciences, de droit et de médecine. Non seulement chaque discipline aurait intérêt à fréquenter les autres, mais il serait bon que les sciences sociales soient systématiquement enseignées aux scientifiques, aux ingénieurs, aux médecins et aux juristes, de la même manière que nous devrions tous bénéficier de l'enseignement de langues étrangères, de rudiments d'informatique et de droit… Il est normal que chaque discipline soit organisée par ses laboratoires, ses revues et ses traditions. Mais à cette organisation par disciplines devrait être associée une organisation par « objets » et par problèmes dont chaque discipline pourrait se saisir en ayant des préoccupations plus pratiques. C'est ce que font les sciences de la nature en créant des instituts où plusieurs disciplines travaillent ensemble sur le même objet : les matériaux composites, l'environnement, l'énergie, l'eau... Quand on sait que la santé, par exemple, est une affaire de biologie, de médecine, de politiques publiques, d'anthropologie, d'économie et de sociologie... pourquoi ne pas créer des instituts dans lesquels ces disciplines seraient associées pour répondre à des enjeux de société dont l'urgence n'échappe à personne ?

Après le premier cycle, les étudiants se spécialisent. Ils doivent le faire en alternant les cours, la vie de laboratoire et les stages. De grands progrès ont été faits en la matière et la rédaction d'un master et d'une thèse n'est plus l'exercice totalement solitaire que j'ai connu. Mais nous sommes encore loin du compte. Les étudiants avancés devraient disposer de bureaux et d'ordinateurs, ils devraient rencontrer les enseignants plus souvent et plus facilement et nous pourrions exiger plus d'eux si nous leur donnions plus. Cela suppose des moyens, des locaux et de l'argent, mais cela exige aussi de changer la culture universitaire, de considérer que le travail scientifique n'est pas seulement un exploit personnel et que l'essentiel se fait, là comme ailleurs, par la densité des liens de travail.

La formation des étudiants ne passe pas seulement par les cours et les séminaires, elle est aussi produite par l'éducation implicite que permet le milieu universitaire. Les écoles le savent en multipliant les clubs culturels, sportifs, politiques, phi-lanthropiques, en attendant de chaque étudiant qu'il s'engage dans la vie de son institution et plus largement dans la vie civile. C'est là un des charmes de l'université de Montréal auquel les étudiants français sont le plus sensibles. Il faut dire qu'en la matière notre vie universitaire est particulièrement pauvre. Nos étudiants n'y voient souvent qu'une administration accablée de travail, lourde, un peu indifférente, et parfois un système désorganisé et peu compréhensible. Ils ne connaissent pas le nom du président de l'université qu'ils ont contribué à élire, leur « patriotisme » universitaire est des plus faibles et leur vie étudiante souvent des plus pauvres. Pourquoi s'intéresser à son université quand on n'y suit que quelques cours par semaine ? Je ne fais pas le procès de mes collègues trop injustement accu-sés d'être individualistes et indifférents ; je fais celui d'une tradition historique et d'un modèle acadé-mique vaguement satisfaisants quand les étudiants étaient peu nombreux, sélectionnés et à peu près sûr de trouver un emploi, mais c'est un modèle qui ne fonctionne plus.

De manière générale, les systèmes éducatifs ne créent pas d'emplois et encore moins des emplois correspondant aux formations choisies par les étu-diants. Nous ne sommes pas responsables du marché du travail. En revanche, nous sommes responsables de la qualité de la formation que nous délivrons et de la qualité de l'éducation que nous permettons. J'ai la conviction que des étudiants bien formés, confiants en eux-mêmes, capables de comprendre un peu mieux le monde dans lequel ils vivent, seraient mieux armés et engendreraient une vie sociale meilleure que celle que nous connaissons. Nous ne pouvons pas promettre aux étudiants qu'ils occuperont demain l'emploi dont ils ont rêvé en choisissant « librement » leurs études. C'est d'une autre lutte qu'il s'agit. Mais nous pouvons leur promettre de leur offrir les meilleures études possibles.

Notre système universitaire n'est pas seulement peu efficace, il est aussi profondément injuste. Nous consacrons beaucoup plus de moyens aux formations d'élite qu'aux autres, ce qui n'est pas scandaleux quand on pense que la qualité des élites est un bon investissement collectif. Tout serait parfait si ces étudiants n'étaient pas très majoritairement issus des milieux les plus favorisés. Derrière le voile d'ignorance de la quasi gratuité des études supérieures, les transferts financiers se font plutôt en faveur des plus favorisés. Ils sont plus aidés, mieux formés et obtiendront les emplois les mieux rémunérés et les plus prestigieux. Pendant ce temps, bien des étudiants vivent très pauvrement.

Le système des bourses ne fait pas la différence, il aide beaucoup d'étudiants mais très peu et n'équivaut à aucun contrat réel. Cette injustice est en réalité très fortement intériorisée. Aujourd'hui, on multiplie les quotas et les mesures permettant aux meilleurs des élèves des milieux les moins favorisés d'accéder aux classes préparatoires et, demain, à l'élite. En termes d'égalité des chances il n'y a rien à redire à ces politiques. Cependant, non seulement elles ne concerneront qu'un faible nombre d'élus, mais elles entérinent la profonde hiérarchie des formations dans lesquelles l'université est un second choix, voire un troisième, derrière les IUT et les BTS. D'un côté, la volonté de transformer l'université semble réelle ; de l'autre, le maintien des inégalités internes au système semble plus solide encore. Ne nous donnons pas la facilité d'accuser seulement les gouvernements successifs. Dans un pays dont les élites se produisent et se reproduisent de cette manière, il est peu vraisemblable qu'elles choisissent de prendre un risque en élevant sensiblement la qualité de l'université.

Le temps des études

Une belle recherche a comparé les diverses manières d'être jeune en Angleterre, au Danemark, en Espagne et en France (Van de Velde, 2008). Les jeunes Français y apparaissent, et de loin, les plus pessimistes, les plus anxieux, les plus dépourvus de confiance en eux et dans les autres (Galland, 2009). Le marché du travail et les inégalités sociales n'expliquent pas tout car s'ils sont très favorables aux jeunes Danois, les inégalités sociales sont élevées en Angleterre et en Espagne où le chômage est exceptionnellement fort. Il apparait que c'est la construction même de l'expérience juvénile qui est différente dans les divers pays. Durant six ou sept ans après le lycée, les jeunes Danois sont appelés à devenir autonomes et à construire leur propre expérience. Ils sont aidés pour se loger, faire des études, travailler, la plupart travaillent et étudient en même temps, ils ont des droits à l'erreur et entrent ainsi progressivement dans la vie adulte. Les jeunes Anglais partagent le même modèle, mais dans un cadre plus inégalitaire et moins soutenu par l'État. Les jeunes Espagnols restent longtemps dans leur famille et accèdent à l'emploi par la force des réseaux sociaux autant que par les études. En France, tout se passe comme si les jeunes avaient intériorisé l'idée qu'il ne peut y avoir de salut hors de la réussite scolaire et que les diplômes doivent automatiquement ouvrir l'accès à un emploi déterminé. Ils attendent trop des diplômes, se sentent très souvent en échec et mal orientés, ils perçoivent moins les petits boulots comme des opportunités que comme des contraintes injustes, ils comptent moins sur eux-mêmes que sur des institutions qui les déçoivent toujours.

Dans la mesure où il est illusoire d'imaginer que le libre choix des études débouche sur les emplois espérés dès que l'on se situe dans un enseignement supérieur de masse, on peut soit sélectionner les étudiants à la sortie du lycée, soit changer notre représentation de la formation. La sélection ne me semble pas acceptable : que ferons-nous des non sélectionnés ? J'observe cependant que lorsque les étudiants protestent contre la sélection ils ne paraissent pas choqués que près de la moitié d'entre eux soient sélectionnés, férocement parfois. Il me semble que nous devrions aménager le temps des études de manière à ce qu'il soit, lui-même, le temps de la formation personnelle. On doit pouvoir travailler et étudier au même moment, à condition d'aménager le travail et les études pour que ce soit possible. Les étudiants canadiens le font, le souhaitent et le revendiquent. On observe que les étudiants des universités qui travaillent environ une dizaine d'heures par semaine ont de meilleurs résultats scolaires que leurs camarades car il existe probablement un dynamisme de l'activité, de la capacité de s'organiser et du sentiment d'autonomie (Beffy, Fougère Marel, 2009 ; Moulin, 2010). Et quand les conditions de travail sont inacceptables, rien n'empêche de les

dénoncer et de se syndiquer comme le font ou peuvent le faire tous les salariés. Rien n'empêche surtout
les institutions de se préoccuper de ce problème,
d'offrir elles-mêmes des emplois, de protéger les
étudiants. Pourquoi ne pas étendre les heures d'ouverture des bibliothèques en recrutant des étudiants
plus systématiquement ? Pourquoi ne pas utiliser les
réseaux des anciens étudiants pour aider les nouveaux ? Les grandes écoles « républicaines », les pays
scandinaves « sociaux-démocrates », les universités
anglo-saxonnes « libérales » le font bien ! Ce devrait
être possible à condition de ne pas penser qu'il s'agit
là d'organiser la précarité, mais de donner des ressources, d'enrichir des expériences, de faciliter des
parcours qui déboucheront sur un projet et sur un
emploi. Faut-il rappeler que l'accès à l'emploi par
les concours ne vaut que pour une faible partie de la
population et que l'attachement à ce seul modèle est
une manière de marginaliser les autres ?

On doit pouvoir circuler dans les formations,
changer d'orientation sans trop perdre son temps,
changer d'université, aller voir ailleurs. On doit
pouvoir voyager ou travailler à temps complet et
reprendre ses études. On doit revenir étudier quand
on en a le besoin ou le désir. Il n'est guère raisonnable de favoriser les études près de chez soi et dans
les formations qui existent près de chez soi. Peut-être

serait-il plus rationnel de donner de vraies bourses et de permettre aux étudiants de bouger et de changer d'air. Puisque la jeunesse est une période de la vie labile au cours de laquelle on se forme soi-même autant que l'on est formé par les autres, mieux vaudrait aider les jeunes à franchir cette étape plutôt que de créer des tuyaux remplis d'obstacles auxquels ne survivent que les plus favorisés, les plus résistants et les plus forts.

Un conseil malgré tout. J'encourage les élèves qui voudraient faire de la sociologie à s'y engager ; l'intérêt intellectuel doit être le principal moteur des études. Mais je les invite aussi à développer d'autres compétences, à chercher des « jobs », à voyager, à faire de la musique et de la politique si ça leur chante. Je les encourage à se donner le temps de savoir ce qu'ils veulent devenir, mais à ne pas perdre leur temps. Certains d'entre eux seront des sociologues professionnels de la recherche, d'autres feront de la sociologie dans des entreprises, des organisations, des associations ou des administrations. D'autres ne feront peut-être jamais de sociologie, mais ils auront été formés et transformés par leurs études. Pour cette raison aussi la sociologie est utile.

Montréal, automne 2010

Repères
BIBLIOGRAPHIQUES

Références générales

Aron R., 1960, « Science et conscience de la société », *Archives Européennes de sociologie*, t. 1.

Aubenas F., 2010, *Le Quai de Ouistreham*, Paris, L'Olivier.

Beaud S., 2002, *80% au bac, et après ?*, Paris, La Découverte.

Beffy M., Fougère D., Maurel A., 2009, « L'impact du travail salarié des étudiants sur la réussite scolaire et la poursuite des études universitaires », *Économie et statistiques*, n° 422.

Berthelot J-.M., 1992, *L'Intelligence du social*, Paris, PUF.

Boltanski L., Thévenot L., 1991, *De la justification. Les économies de la grandeur*, Paris, Gallimard.

Boudon R., 1973, *L'Inégalité des chances dans les sociétés industrielles*, Paris, Armand Colin.

Boudon R., 1986, *L'Idéologie ou l'Origine des idées reçues*, Paris, Fayard.

Boudon R., 2002, « À quoi sert la sociologie ? », *Cités*, n° 10, p. 133-156.

Bourdieu P., Passeron J.-C., 1964, *Les Héritiers*, Paris, Minuit.

Bourdieu P., 1993, *La Misère du monde*, Paris, Seuil.

Bourdieu P., 1997, *Méditations pascaliennes*, Paris, Seuil.

BOURDIEU P., CHAMBOREDON J.-C., PASSERON J.-C., 1968, *Le Métier de sociologue*, Paris, Mouton-Bordas.

BURAWOY M., 2005, « 2004 American Sociological Association Presidential address: For public sociology », *American Sociological Review*, vol. 70, Issue 1, 4-28.

COLEMAN J. S., 1990, *Foundations of Social Theory*, Cambridge (Mass) Harvard University Press.

COUSIN O., RUI S., 2010, *L'Intervention sociologique*, Rennes, Presses Universitaires de Rennes.

CROZIER M., 1963, *Le Phénomène bureaucratique*, Paris, Seuil.

CROZIER M., FRIEDBERG E., 1977, *L'Acteur et le Système*, Paris, Seuil.

DUBAR C., 2002, « Les tentatives de professionnalisation des études de sociologues : un bilan progressif », in B. Lahire (ed.), *À quoi sert la sociologie ?*, Paris, La Découverte.

DUMONT L., 1983, *Essais sur l'individualisme*, Paris, Seuil.

DURU-BELLAT M., 2006, *L'Inflation scolaire*, Paris, Seuil.

ELSTER J., 2007, *Explaining Social Behavior*, Cambridge, Cambridge University Press.

FOURNIER M., 2007, *Émile Durkheim*, Paris, Fayard.

GALLAND O., 2009, *Les jeunes Français ont-ils raison d'avoir peur ?*, Paris, Armand Colin.

GARFINKEL A., 2007, *Recherches en ethnométhodologie*, Paris, PUF.

GOFFMAN E., 1973, *La Mise en scène de la vie quotidienne*, 2 t., Paris, Minuit.

GOFFMAN E., 1979, *Asiles*, Paris, Minuit.

FOUCAULT M., 1975, *Surveiller et Punir,* Paris, Gallimard.

FOUCAULT M., 1984, *Le Souci de soi* (*Histoire de la sexualité*, 3ᵉ vol.), Paris, Gallimard.

FOUCAULT M., 2008, *Le Gouvernement de soi et des autres*, Paris, Gallimard.

HAMON H., ROTMAN P., 1984, *Tant qu'il y aura des profs*, Paris, Seuil.

HONNETH A., 2006, *La Société du mépris*, Paris, La Découverte.

LAHIRE B., 2004, *La Culture des individus*, Paris, La Découverte.

MARTUCCELLI D., 2002, *Grammaires de l'individu*, Paris, Gallimard.

MARTUCCELLI D., 2006, *Forgé par l'épreuve*, Paris, Armand Colin.

MASSON P., 2001, « La fabrication des *Héritiers* », *Revue Française de Sociologie*, 42-3, p. 477-507.

MENDRAS H., 1967, *La Fin des paysans*, Paris, SEDEIS.

MOORE B., 1978, *Injustice. The Social Bases of Obedience and Revolt*, London, Macmillan.

MORIN E., 1962, *L'Esprit du temps*, Paris, Grasset.

MOULIN S., 2010, « Statistical categorization of young people's entry to the labor market: a France/Canada comparison », *International Journal of Comparative Sociology*, vol. 51, n° 1-2.

PASSERON J.-C., 1991, *Le Raisonnement sociologique. L'espace non-poppérien du raisonnement naturel*, Paris, Nathan.

SARTRE J.-P., 1951, *Qu'est-ce que la littérature ?*, Paris, Gallimard.

SINGLY F. de, 2005, *L'individualisme est un humanisme*, La Tour d'Aigues, L'Aube.

SINGLY F. de, 2000, *Libres ensemble*, Paris, Nathan.

TOURAINE A., 1966, *La Conscience ouvrière*, Paris, Seuil.

TOURAINE A., 1969, *La Société postindustrielle*, Paris, Denoël.

TOURAINE A., 1978, *La Voix et le Regard*, Paris, Seuil.

TOURAINE A., 1984, *Le Retour de l'acteur*, Paris, Fayard.

TOURAINE A., 1992, *Critique de la modernité*, Paris, Fayard.

TOURAINE A., DUBET F., HEGEDUS Z. et WIEVIORKA M., 1978, *Lutte étudiante*, Paris, Seuil.

TOURAINE A., DUBET F., HEGEDUS Z. et WIEVIORKA M., 1980, *La Prophétie anti-nucléaire*, Paris, Seuil.

TOURAINE A., DUBET F., HEGEDUS Z. et WIEVIORKA M., 1981, *Le Pays contre l'État*, Paris, Seuil.

TOURAINE A., DUBET F., STRZELECKI J., WIEVIORKA M., 1982, *Solidarité*, Paris, Fayard.

TOURAINE A., WIEVIORKA M., DUBET F., 1984, *Le Mouvement ouvrier*, Paris, Fayard.

VAN DE VELDE C., 2008, *Devenir adulte*, Paris, PUF.

WEBER M., 1965, *Essais sur la théorie de la science*, Paris, Plon.

WRIGHT MILL C., 1963, *L'Imagination sociologique*, Paris.

Références à des textes de François Dubet

DUBET F., 1987, *La Galère*, Paris, Fayard.

DUBET F., 1991, *Les Lycéens*, Paris, Seuil.

DUBET F., 1994, *Sociologie de l'expérience*, Paris, Seuil.

Dubet F., D. Martuccelli, 1996, *À l'école*, Paris, Seuil.

Dubet F., D. Martuccelli, 1998, *Dans quelle société vivons-nous ?*, Paris, Seuil.

Dubet F., 1999, *Le Collège de l'an 2000*, Paris, La Documentation française.

Dubet F., M. Duru-Bellat, 2000, *L'Hypocrisie scolaire*, Paris, Seuil.

Dubet F., 2002, *Le Déclin de l'institution*, Paris, Seuil.

Dubet F., 2002, « Pourquoi ne croit-on pas les sociologues ? », *Éducation et société*, n° 9-1, p. 13-25.

Dubet F., 2004, *L'École des chances*, Paris, Seuil.

Dubet F., Lapeyronnie D., 2004, *Les Quartiers d'exil*, Paris, Seuil.

Dubet F., avec Caillet V., Cortéséro R., Mélo D., Rault F., 2006, *Injustices. L'expérience des inégalités au travail*, Paris, Seuil.

Dubet F., 2007, *L'Expérience sociologique*, Paris, La Découverte.

Dubet F., 2009, *Le Travail des sociétés*, Paris, Seuil.

Dubet F., 2010, *Les Places et les Chances*, Paris, Seuil.

Dubet F., Duru-Bellat M., Vérétout A., 2010, *Les Sociétés et leur école*, Paris, Seuil.

Armand Colin Éditeur
21, rue du Montparnasse, 75006 Paris
11014146 - (I) - (4) - bft 80° - YTB - ACT
Dépôt légal : Mars 2011

Achevé d'imprimer sur les presses de
Snel
Z.I. des Hauts-Sarts - Zone 3
Rue Fond des Fourches 21 – B-4041 Vottem (Herstal)
Tél +32(0)4 344 65 60 - Fax +32(0)4 286 99 61
Février 2011 – 53416

Imprimé en Belgique